Mary Wigman

Dargestellt von Gabriele Fritsch-Vivié

Rowohlt Taschenbuch Verlag

Umschlagvorderseite: Mary Wigman: «Todesruf» («Opfer»)
Foto von Charlotte Rudolph, Dresden
Umschlagrückseite: Mary Wigman, 1924
Foto von Ursula Richter, Dresden
«Die Feier», Teil 1, «Der Tempel», 1927/28
Foto von Charlotte Rudolph, Dresden

Seite 3: «Sommerlicher Tanz» («Schwingende Landschaft»), 1929
Foto von Charlotte Rudolph, Dresden
Seite 7: «Windsbraut» («Herbstliche Tänze»), 1937
Foto von S. Enkelmann, Berlin

Originalausgabe
Veröffentlicht im Rowohlt Taschenbuch Verlag GmbH,
Reinbek bei Hamburg, Juli 1999

Umschlaggestaltung Ivar Bläsi
Redaktionsassistenz Katrin Finkemeier,
Karolin Marhencke
Reihentypographie Daniel Sauthoff
Herstellung Gabriele Boekholt
Satz PE Proforma *und* Foundry Sans *PostScript, QuarkXPress 3.32*
Gesamtherstellung Clausen & Bosse, Leck
Printed in Germany
ISBN *3 499 50597 5*

Chronologie

INHALT

Vorbemerkung

Die Darstellung einer Frau von epochaler Größe und Wirkung wie Mary Wigman, die man nur in einer so flüchtigen Kunst wie der des Tanzes kennt und auch darin nur mehr im Abglanz der Bilder und Berichte über sie, unterliegt unvermeidlich einer subjektiven Sicht. Wohl gibt es sehr viele persönliche Zeugnisse, Tagebücher, theoretische Abhandlungen aus verschiedenen Zeiten, Vorträge, Artikel, Aufzeichnungen aller Art, dazu Berichte und Rezensionen über ihr künstlerisches Wirken und immer wieder Biographisches. All dies ist meist spontan, manchmal in späterer Erinnerung, und sicher auch manches Mal mit Blick auf eine öffentliche Einsichtnahme geschrieben worden (ausgenommen die frühen Tagebücher). Mary Wigman war sich eines weitergehenden Interesses nicht nur an ihrem Werk, sondern auch an ihrer Person bewußt. Dabei schrieb sie kurz und oft stichwortartig nur über Persönliches und über ihre künstlerische und pädagogische Arbeit, wenig über Zeiterscheinungen, Ereignisse in ihrer Umgebung oder über Dinge, die sie beeindruckten oder beeinflußten. Briefe, die über ihre ungezählten Freundschaften und die ausführlichen Gespräche hätten Auskunft geben können, hat sie nicht aufbewahrt, weil sie sonst in der Papierflut untergegangen wäre, wie sie einmal sagte. Ihre schriftlichen Zeugnisse konnten fast alle über den Krieg gerettet werden, sie sind heute als Nachlaß in der Akademie der Künste in Berlin einsehbar. Einen weiteren Teil bewahrt ihre Nichte Marlies Heinemann auf, der an dieser Stelle für ihre liebevollen und sorgfältigen Bemühungen um das Werk Mary Wigmans gedankt sei.

Der Tanz wurde Mary Wigman mehr als alles andere zum Symbol des Lebens, seines unbedingten Jetzt in dynamischer Veränderung. Und wenn sie sich selbst auch immer wieder im Blick der Öffentlichkeit sah, ging es ihr doch ausschließlich um den Tanz, *was ist mir Zukunft, was Vergangenheit, Gegenwart bin ich, mein Leben ist Tanz* [1]. So sei die Beschreibung ihres Lebens der Rahmen um das, was sie wirklich gewesen ist, eine Künstlerin und Persönlichkeit mit Charisma durch sehr unterschiedliche, doch immer ganz außerordentliche Zeitläufte hindurch, die sich bei allem Selbstbewußtsein nur als wirkenden Teil eines großen Ganzen sah.

«Schaffe du Mensch, daß deine Arbeit dich überlebe» (1886 – 1913)

Anklang: Rom 1912 / 13

Die Schaffenskraft, die unausweichliche innere Notwendigkeit, schöpferisch tätig zu sein, und die dazu erforderliche Energie, das ist es, was das Leben der Mary Wigman ausmacht. Das Wort, unter dem dieses Kapitel steht, stammt aus den ersten Seiten des Rom-Tagebuchs, das als die erste Aufzeichnung von Mary Wigman erhalten ist. Und an diesen ersten Eintragungen (zusammen mit dem zweiten Tagebuch, das die Romreise reflektiert) lassen sich bereits die Vitalität, das wache und aufnahmebereite Wesen und der elementare Schaffensdrang dieser Frau ablesen. Es ist erstaunlich, daß sich innerhalb jener stimulierenden Umgebung in Rom und innerhalb nur weniger Wochen das Sich-Öffnen eines jungen Menschen hin zu seiner konkreten Bestimmung so konzentriert vollzieht und sich gleichzeitig in der spontanen Niederschrift eines Tagebuchs dokumentiert.

Das Rom-Tagebuch, geführt von November 1912 bis April 1913, und das zweite Tagebuch vom Frühsommer 1913 spiegeln die Frau und Künstlerin Mary Wigman in fast vollkommener Weise, und dies nicht einmal nur in Ansätzen, sondern schon in vitaler Fülle und in einer bereits offenen Perspektive in die Zukunft. Hier beginnt Mary Wigman die Saiten am Instrument ihres Lebens zu spannen. Zwar läßt sich dies erst im Überblick über ihr gesamtes Leben so deutlich erkennen, aber auch in unvoreingenommener Lesart geben die ersten Tagebücher Zeugnis von der schöpferischen Potenz Mary Wigmans, mit der allein sie ihren alle Traditionen und Tabus durchbrechenden Weg als Tänzerin zu einer völlig neuen Ausdrucksform gehen konnte.

Nach Rom ist sie nicht allein gekommen, sie reist mit einem Maler, den sie als *alten Mann* (ihre Vater-Sehnsucht?) bezeichnet, doch *mit einem jungen Herzen*, der sie liebt und den sie auch liebt, der ihr Impulse gibt und sicherlich ihr überaus sinnliches Gespür für alles sie Umgebende und ihre wahrhaft opulente Wahrnehmung für den Raum, für Farben, Formen und Materialien verstärkt, und mit dessen Augen sie *zum erstenmal den Wunsch hat, zeichnen zu können.*[2] (Später hat sie auf ihren Reisen immer gezeichnet.) Sie ist gerade 26 Jahre alt, hat noch nicht mehr an körperlich-rhythmisch-tänzerischer Ausbildung erfahren als die kurzen zwei Jahre in der «Bildungsanstalt für Rhythmische Gymnastik» des Emile Jaques-Dalcroze in Hellerau bei Dresden, die sie mit einem Diplom als «Rhythmiklehrerin» abgeschlossen hat. Als einzigen Anhaltspunkt für die nächsten Monate hat ihr Jaques-Dalcroze eine neue Aufgabe als Rhythmiklehrerin in Köln im Rahmen der Werkbund-Ausstellung zugesagt, die erhoffte Berufslaufbahn scheint möglich zu werden. Doch ist es das, was sie sucht? Sie ist sich dessen, was sie nun eigentlich will und auch kann, noch gar nicht bewußt.

Aber das Aufbruchsverlangen ist stark und drängend, sie gibt sich dem Erlebnis Rom ganz hin. *O Rom, du wundervollstes, du größtes, wie schwer ist es, dich zu erleben. Ich bin der Schönheit nicht gewachsen, das ist es! Und hier ist alles schön, überall, immerzu! Jeden Tag neue Erlebnisse, neue Eindrücke. Kann man so viel Schönheit denn ertragen? Ist es nicht zuviel? Wohin mit all dem, was sich drinnen bei dir aufhäuft? Schaffen solltest du, aus dir heraus etwas Ganzes, Eigenes schaffen, das wäre Erlösung. Mir aber sind die Hände, die Gedanken, der ganze Körper wie gebunden. Gerade als ob eine Macht von irgendwo mich bannt und mich zwingt untätig zu verharren.*[3]

Sie spürt die Fülle des Daseins und den unbändigen Drang, daran erleidend und gestaltend teilzuhaben, weiß aber für sich noch keinen Weg. Diese Hingabe und Erlebniskraft tragen viel von ihrer sie lebenslang begleitenden schöpferischen Vitalität in sich. In den Tagebüchern klingt schon an, was sie immer wieder von sich sagen wird, daß der Drang nach eigenständigem Schaffen und Gestalten übermächtig spürbar sei. Viel später wird sie in einem Lebensresümee bekennen: *Was hat die Kraft gegeben zum Kämpfen, Durchhalten, Tragen der weitverzweigten Lebensaufgabe? Und was war das Schönste? Ich habe nur eine Antwort darauf: der schöpferische Prozess selber, das Erleben und Erschaffen, das Erfinden und Gestalten – jene kurzfristigen Stunden der Fülle, in denen man der Begnadung teilhaftig wird: der Begegnung und Vermählung des eigenen, ungeteilten Seinsgefühls mit der Ganzheit des lebendigen Lebens selbst.*[4]

In allem, was sie in jenen frühen Tagebüchern schreibt, spürt man ihre Erlebnisfähigkeit, ihren Lebensgenuß und die Lebensbejahung, nicht in hybridem Anspruch, sondern als Antwort auf ein tiefes Angesprochen-Sein. Bezeichnend ihre Beschreibungen der Werke des Michelangelo: Sie sieht die Skulptur des Moses und sieht die *Macht, Kraft, Größe und Herrlichkeit*, sie sieht die Kuppel des Petersdoms und empfindet *Jubel und Staunen*, sie sieht die Sixtinische Kapelle und *ward ergriffen*, sie sieht sein Bildnis und wird *stille vor dem Leiden deines Angesichts, nun knie ich vor dir, Michelangelo.*[5]

Mary Wigman, um 1913, zur Zeit ihres Aufenthaltes in Rom. Foto von Clara Behncke, Berlin

Diese vier Attribute, Kraft und Größe, Jubel und Staunen, Ergriffenheit und Stille vor Erhabenheit und Leid könnte man als Schlüsselbegriffe ihres Schaffens bezeichnen. Und wenn es auch gewagt erscheint, sie in die Nähe Michelangelos zu rücken, so sei doch darauf hingewiesen, daß später immer wieder die durchgeistigte Plastizität und Skulpturhaftigkeit ihrer Tanzgestaltungen genannt werden und daß in der Rezension eines ihrer Tanzabende von 1925, geschrieben von dem sensibel beobachtenden Kritiker Alfred Jürgens, sie als eine «fast michelangelesker Intuition nahe, schaffende Künstlerin» bezeichnet wird.

Ihre sinnliche Wahrnehmung ist stark und ausgeprägt, überall spürt sie Raum, Rhythmus, Bewegung und Ausdruck. Und dort, wo in den Museen die Statuen restauriert und von den Spuren der Zeit gereinigt sind, sieht sie sie *durch Restaurieren und Ersetzen* als *verstümmelt* an, weil sie ihrer Authentizität, ihrer Einmaligkeit und Jetzthaftigkeit und ihres ursprünglichen Rhythmus beraubt sind. Bereits in ihrer Wahrnehmung erweist sich Mary Wigman als schöpferisch und ganz und gar als ein Jetzt-Mensch, der das Hic et Nunc als Lebenskern erlebt, wie ja dann auch der Tanz nur im Jetzt existiert. Die absolute Gegenwärtigkeit des Mediums Körper hat sie in Rom im Eingehen auf die steingehauenen Götterbilder bereits angesprochen und es ein Leben lang so empfunden. Im Lebensresümee spricht sie es deutlich aus: *Das Wissen um die Vergänglichkeit des tänzerischen Kunstwerkes hat mich nie mit Schmerz erfüllt. Es schien so selbstverständlich wie das Werden und Vergehen in der Natur.*[6]

Besonders eindrucksvoll ist ihr intuitives Eingehen auf die griechischen Vasenbilder, die sie in den Museen des Vatikan lange betrachtet und die sie dann, nach Hellerau zurückgekehrt, zu beschreiben beginnt: *O Eros, gewaltiger! aus diesem Empfinden stürzen sich die Amazonen in den Kampf, tanzt der Satyr, rasen die Mänaden – wir heute wissen nicht, was und wie sie tanzten, aber es gibt für uns ein nachträgliches innerliches Erleben, das uns von all den geschauten Gestalten her kommt. Ein Wissen gibt es nicht. Es tut auch nicht not, aber ein Verstehen, ein Begreifen ohne zu wissen, das gibt es für uns. Und zu diesem gelangen wir durch ein Erfassen des Lebens, des pulsierenden, warmen Blutes in all den Gestalten.*[7]

In den Aufzeichnungen zu den Vasenbildern ist angesprochen, was im schöpferischen Arbeiten Mary Wigmans je eine Rolle spielen wird; und es ginge am Wesen jener Zeilen vorbei, wollte man sie als erste theoretische Niederschrift über Tanz ansehen, sind sie doch spontane Tagebuchaufzeichnungen, die ihre Empfindungen unmittelbar widerspiegeln. Es ist eine ganz persönliche und assoziative Antwort auf ein Sehen und Erkennen, es ist das Lesen einer Lebensschrift, die sie als die ihre zu begreifen beginnt.

Ob Amazonen, Mänaden oder Tänzerinnen und Tänzer: *Eines verbindet dies alles und was auch uns es möglich macht, das bewegte Leben als Tanz zu empfinden: die Form! die künstlerische Form, der sich alles unterordnet und die wohl durchtränkt ist von warmem Leben, aber niemals von ihm zersprengt wird. Und so durchglüht von lebendigem Empfinden ist die reine Form, daß man sie nicht mehr als etwas Selbständiges herausfühlt, […] sondern Form und Leben als eine höhere Einheit empfindet.* Über sie wird es später heißen: «Ihre Tänze sind das Leben selbst. In geklärter und geläuterter Form offenbaren sie uns unser eigenes Leben.»[8]

Und ein drittes tritt hinzu: das ist der Rhythmus! Wohl ist Rhythmus Leben, aber gebändigtes, beherrschtes Leben. Und all die rhyth-

Attische Vasen in den Vatikanischen Museen, Rom, die Mary Wigman ausführlich studiert und beschreibt. Rechts ein Mischgefäß für Wein und Wasser

misch bewegten Gestalten auf den Vasen und Reliefs zeigen uns klar und eindringlich, bis zu welch hohem Grade eine lebendige Körperbeherrschung möglich ist, wie sie entwickelt ist zu einer solchen Höhe, daß man auch sie nicht mehr als etwas Selbständiges empfindet, sondern sie einordnet in den Gesamtbegriff: Griechischer Tanz. Gesteigertes Lebensgefühl in künstlerische Form gebannt und beherrscht vom Rhythmus, das ist, was wir von griechischen Vasen verstehen lernen. Die Kritik wird schreiben: «Nur eine Tänzerin, bei der die meisterlichste Technik so völlig im gleichsam selbsttätigen Körperschwung aufgegangen ist, ist solcher Tänze fähig.»[9]

Bis zu welchem Grad die Musik an dem Gesamteindruck beteiligt ist, bleibt uns verschlossen. […] War Musik für sie Notwendigkeit, war sie der Ausgangspunkt für allen Tanz? Sie war wohl oft das Mittel, welches das Lebensgefühl steigerte […], sie machte Seele und Körper bereit zum Tanz. […] Sobald sie diesen Zweck erfüllt hatte, […] sank sie nur mehr zur Begleitung herab. Denn der Körper in der Bewegung folgt seinen eigenen Gesetzen, wie die Musik ihre eigenen Gesetze hat und eine Geste entwickelt aus sich mit unerbittlicher Logik eine andere, ganz gleich, welchen Weg die Musik daneben geht. Etwas anderes war es, sobald die Musik von vornherein nichts sein wollte als Rhythmus. Da war sie beherrschend und ordnete sich die Bewegung unter. […] In solchem Falle wurde die Musik, der musikalische Rhythmus das ordnende Element, intuitiv fügte sich ihr der Tanzende. Als erste in der Geschichte der europäischen Tanzkunst wird sie Tänze ohne Musik oder nur mit Rhythmusgeräuschen entwickeln. *Das Wundervollste aber ist, daß diese Tanzenden in all ihrer rhythmischen Bewegtheit, in ihrer freudigen und schmerzensvollen Ekstase, im streng stilisierten Gebundensein der Gesten nie zur Maniriertheit herabsinken, daß sie einfach und natürlich bleiben und nie vergessen lassen, daß es das Leben selbst ist, das ihren Tanz geboren hat.*[10] «Nur wer die körperliche Geste restlos als Sprache des Inneren verwirklichen kann, vermag diese Dinge so zwingend, so einfach zu sagen», wird ein Kritiker noch 1934 feststellen.[11]

Aus der Kenntnis dieses künstlerischen Urerlebens läßt sich begreifen, wie Mary Wigman als nicht mehr ganz junge Anfängerin in zehnjährigem Lernen und Arbeiten ohne irgendwelche Vorbilder zu so bahnbrechender Neuerung und darin zu so weltweiter Anerkennung hatte gelangen können. Was in ihren ersten Tagebüchern an Vitalität, Sinnlichkeit, Raumgefühl, rhythmischem Empfinden, Bewegungserfahrung und tänzerischem Impuls zum Ausdruck kommt, das ist ihre tatsächliche «Begabung», alles weitere, ihre körperlichen Fähigkeiten, Phantasie, Geschmack, klarer Verstand und Disziplin sind «nur» die Zutaten, derer es zu einer solchen Karriere allerdings auch bedurfte. Ihre Gefühle und Gedanken zu Raum, Rhythmus, Bewegung, Körper, Geste, Musik und alles in allem zu Form sind hier richtungsweisend vorformuliert und warten nur darauf, von ihr selbst künstlerisch entwickelt und ausgeformt zu werden.

Spielen, Träumen, Suchen

Mary Wigman ist am 13. November 1886 in Hannover geboren. Der Name ist ihr Künstlername, den sie auf Anraten ihres Lehrers Rudolf von Laban seit 1918 benutzt. Getauft ist sie auf den Namen Karoline Sofie Marie Wiegmann, wird aber Mary gerufen, in stolzer Verbundenheit mit dem englischen Königshaus, mit dem das Kurfürstentum Hannover bis 1837 in Personalunion gestanden hatte.

Ihr Vater, Heinrich Friedrich Wiegmann, geboren am 16. November 1840 in Linden bei Hannover, führt zusammen mit seinem Zwillingsbruder Dietrich und einem weiteren Bruder, August, in Hannover ein Geschäft in einem großen Bürgerhaus in der Schmiedestraße 33, mit Blick auf die breite, backsteinschwere Marktkirche. Kurze Zeit hatte Wilhelm Busch in diesem Haus gewohnt. Gegenüber liegt das (im Zweiten Weltkrieg zerstörte und später wieder aufgebaute) Leibnizhaus. Im Wiegmannschen Geschäft werden Fahrräder produziert und verkauft und Nähmaschinen, aber auch fernöstliche Waren aus den Kolonialgebieten wie chinesisches Porzellan, Tee, Vanille oder Zigarren angeboten. *Das geheimnisvolle Theezimmer war ein fensterloser Raum im hinteren Teil des großen Nähmaschinenladens, mit Glasbehältern voller schwärzlicher Vanillestangen, mit bunt und aufreizend beklebten chinesischen Theekisten. Das Ge-*

Mary Wigman, um 1890. Foto von Georg Rudloff, Hannover

heimnisvollste aber waren die fremdländischen Gerüche, verwirrend und berauschend für empfindliche Kindersinne, wie die Märchen aus Tausend und eine Nacht. – Spielen und Träumen! Nie habe ich die Leidenschaft dafür verloren.[12]

Es ist das Ende der «Gründerzeit», in das Mary Wigman hineingeboren wird; Industrien, Gewerbebetriebe, Geschäfte und Handelsfirmen blühen in Deutschland und in Übersee. Kolonialwaren, wie sie Mary Wigmans Vater verkauft, sind Statussymbol und Phantasiewirklichkeit, bedeuten nationalen Stolz und fremdländische Ferne zugleich. Das wilhelminische Bürgertum am Ende des 19. und zu Beginn des 20. Jahrhunderts, dem Mary Wigman entstammt, ist bis ins Innerste konservativ und antiliberal und sieht sich im Nachvollzug nationaler historischer Größe. Die bürgerliche Welt fühlt sich stark, mächtig und gesichert, ihr Lebensstil ergeht sich in patriarchaler Bestimmung und gefälliger Weiblichkeit, ihre Werte sind Wohlanständigkeit und Wohlergehen. Doch dagegen regen sich um die Jahrhundertwende auch revolutionäre Tendenzen, die die kulturelle und sozialpolitische Entwicklung bestimmen werden. Bedürfnis und Notwendigkeit wachsen, alle Gebiete des Lebens und der Kunst umzugestalten; die wilhelminische Enge und ihre strikte Reglementierung und Saturierung des Daseins sind außerhalb der bürgerlichen Welt und vor allem bei der Jugend zu ihrem Ende gekommen. In dieser prägenden Spannung von gelebter Konvention und revolutionären Tendenzen erlebt Mary Wigman eine freie und glückliche Kindheit und Jugend, an die sie sich später erinnert als an *ein einziges glückliches Spiel-Paradies, dem Spieltrieb waren keine Grenzen gesetzt, und die Phantasie machte sich noch die nackteste Wirklichkeit untertan.*[13]

Geschäftshaus der Gebr. Wiegmann, Schmiedestraße 33, Hannover, 1894

Kindheitserinnerungen hat Mary Wigman erstmals und ganz unvermittelt in ihrem Tagebuch von 1937 aufgeschrieben. (Nahezu alles hierzu Dargestellte und Zitierte ist diesem einen Tagebuch entnommen.)[14] Sie steht an einem beruflichen Wendepunkt, ist mittlerweile 50 Jahre alt, und ihr gesamter Lebensweg scheint ihr erneut Besinnung und Rechenschaft abzuverlangen.

Martha Wohlenberg, verh. Reuther, um 1900, mit der Mary Wigman eine lebenslange tiefe Freundschaft verband

Diese schriftlichen Erinnerungen skizzieren ihre Kindheit, sie beschreiben die tatsächlichen Kindheitsmuster, sind keine – wie oft bei Künstlern – Verklärungen und narzißtische Beschönigungen. In allem schwingt der Ton einer glücklichen und voll ausgelebten Kindheit mit. Mary Wigman hat davon ihr Leben lang gezehrt.

Die glückliche Kindheit, schreibt Mary Wigman, verdanke sie vor allem dem liebenden Verständnis ihrer Mutter. Diese Frau, Amalie Wiegmann, geb. Jacobs, geboren am 17. Februar 1857 in Linden bei Hannover, muß eine außergewöhnliche Frau gewesen sein. Im Alter von über 70 Jahren (1933/34) schreibt sie auf Drängen ihrer Kinder ihre Lebenserinnerungen auf, die im einfachen, sachlichen Erzählen das faszinierende Genrebild einer Jugend und einer jungen Frau im bürgerlichen Milieu der wilhelminischen Zeit entwerfen.[15] Vor allem von Pflichten und Arbeiten ist die Rede, vom Mitwirken im Geschäft des Ehemanns, doch auch von fröhlichem Theaterspielen, von Scharaden und Stegreifstücken im weitverzweigten Familienkreis. Es existiert noch ein gedruckter Theaterzettel von 1901, «Das Wohlen-

Mary Wigman,
um 1904

bergtheater», mit der Ankündigung zur «Polterabendfeier des Herrn Carl Reuther mit Frl. Martha Wohlenberg» (1881 – 1959), jener Cousine, mit der Mary Wigman zeitlebens eine tiefe Freundschaft verbindet. Kurzum, die musische Begabung liegt in der Familie. Und Amalie Wiegmann hat daraus und trotz ihres so arbeitsreichen, verantwortungsvollen und vielfältigen jungen Lebens die Kraft und Freiheit entwickelt, ihren eigenen Kindern eine wunderbare Mutter zu sein. *Die Wohnung war ein Chaos, aber niemals hat meine Mutter uns die Spielfreude verdorben*, erinnert sich Mary Wigman, und an andrer Stelle schreibt sie, *meine Mutter hat die funkelnde Weihnachtsherrlichkeit über meine ganze Kindheit gebreitet, voller Seeligkeit und Herzklopfen – heute noch ist das Weihnachtsfest der Höhepunkt aller Feste – liebe, liebe Mutter!* Und wie oft haben später Mary Wigmans Schülerinnen und Schüler und Freunde an diesem Fest teilgehabt.

Amalie und Heinrich Wiegmann mit den Kindern Mary (links) und Heinrich, um 1894. Foto von G. Vetter, Hannover

Im großen Familienkreis ist Mary Wigman geborgen, nach dem frühverstorbenen Bruder Bruno (1885–1887) spielt sie mit dem Bruder Heinrich (geboren am 17. Februar 1890) und der Schwester Elisabeth (geboren am 19. Dezember 1894), die *als Puppe mit geringeltem Haar und blauen Kulleraugen im Puppenwagen lag und schrie.* Das geräumige Haus in der Schmiedestraße 33 ist der *Tummelplatz aller wilden Kinderausgelassenheiten.* Mary Wigman schreibt von aufregenden Schaukelabenteuern im Treppenhaus, die Mut und Angstgefühle hervorriefen, von waghalsigen Fahrradkünsten und von Träumereien in verschwiegenen Kinderverstecken.

Den *tiefsten Eindruck* ihrer Kinderzeit aber macht der *leidgezeichnete Vater, seine Krankheit und sein Sterben.* Sie erinnert sich, wie er die Kinder liebevoll empfängt, *«min lütte Deern»*, die Hand auf ihren Kopf legt und ihnen aufmerksam und teilnahmsvoll zuhört. Und dann im Sterbezimmer, das schwere Atmen des sterbenden Vaters, die weinende Mutter, alle Verwandten. Mary weint mit, *ohne zu wissen warum* – sie spürt nur *die grenzenlose Vereinsamung und das Ausgeliefertsein an ein unbegreifbar waltendes Gesetz.* Der Vater stirbt am 9. April 1896, Mary ist neun Jahre alt. Das Wort Vater hat für sie immer einen *zärtlichen, wehmütigen Klang* behalten.

Die Trauer ist groß. Heinrichs Bruder August war bereits 1894 gestorben, Bruder Dietrich nimmt sich der vaterlos gewordenen Familie an, wie Heinrich gebeten hatte. Nach einigem Zögern heiraten Amalie und Dietrich zwei Jahre später, am 29. April 1898, der Stiefvater wird den Kindern ein *guter Freund* und *Kamerad.*

Mary Wigman wird 1892 in die Höhere Töchterschule in Hannover eingeschult, Lesen, Schreiben machen ihr besonderen Spaß, ab 1894 bekommt sie Klavierunterricht, später kommt noch Gesangsunterricht dazu, die Ausbildung der Stimme scheint vielversprechend. Auch erhält sie Unterricht in Literatur und Kunstgeschichte. Mit 14 Jahren wird sie aus der Schule bereits entlassen, als gute Schülerin würde sie gerne studieren, aber eine studierte Tochter ist für den bürgerlichen Haushalt der Wiegmanns dann doch zuviel. Wie üblich in gutsituierten Familien darf sie Sprachen lernen, Englisch in einem Pensionat in Peterborough und danach in Folkestone, und nach der Konfirmation am 6. April 1902 Französisch in einem Höheren Töchterpensionat in Lausanne. Sie hat später ohne Sprachschwierigkeiten Vorträge in den USA und in Paris an der Sorbonne gehalten.

Verliebte Schwärmereien hat sie wie andre Mädchen auch, doch ihre beiden Verlobungen 1904 und 1908 werden wieder aufgelöst. Sie ist viel zu wißbegierig und zu erlebnishungrig, um sich jetzt schon ein Leben als Hausfrau und Mutter vorzustellen, ihre Neigungen und Begabungen sind vielfältig, eine künstlerische Betätigung mag naheliegen, vor allem aber will sie selbständig sein.

Wir wissen nicht, wann der Weg zur Tänzerin in ihr angebahnt wurde. In ihrer künstlerischen Entwicklung finden wir die Merkmale, die schon in ihrer Kindheit und Jugend auffällig und bestimmend sind: ihre hemmungslos zugreifende Phantasie und Vorstellungskraft und ihre vitale, überschwengliche

Hingabe an alles, was sie tut. Sie hat sich von Anfang an viel und in wilder Begeisterung bewegt, sie hat gern und hingebungsvoll getanzt, das heißt, sich zur Musik bewegt und darin ihren Stimmungen und Gefühlen nachgegeben. Aber die großen tänzerischen Fähigkeiten sind darin nicht deutlich und ihr persönlich sicher nicht bewußt geworden. Und dennoch, *eines Tages wußte ich, daß ich tanzen mußte. Ich konnte diese Erkenntnis weder begründen, noch hätte ich ein Bild dessen geben können, was mir als Tanz vorschwebte.*[16] So sind es Zufall oder innere Bestimmung, intuitive Sicherheit oder kämpferischer Mut, die sie weiterführen.

Als sie 1908 erstmals eine Vorstellung des Emile Jaques-Dalcroze sieht (es ist ein Demonstrationsabend dieses Schweizer Musikpädagogen, der mit seiner Methode zur musikalisch-rhythmischen und damit gesamtmusischen Bildung bereits Furore gemacht hat) und kurz danach im Opernhaus in Hannover eine Tanz-Vorstellung der Geschwister Wiesenthal, und als sie dann im Jahre 1910 noch erfährt, daß Jaques-Dalcroze in der neugegründeten Gartenstadt Hellerau bei Dresden seine Methode der «Rhythmischen Gymnastik» unterrichten wird, daß jeder aufgenommen wird und sogar ein Diplom als Rhythmiklehrerin erwerben kann, beschließt Mary Wigman, gegen den Willen ihrer Familie, dorthin zu gehen. Im Sommer 1910 ist sie eingeschriebene Schülerin im ersten Rhythmik-Lehrgang bei Jaques-Dalcroze.

Emile Jaques-Dalcroze
1865–1950, Kompositionsschüler bei Anton Bruckner und Léo Delibes, Musikpädagoge am Konservatorium in Genf. 1906 Veröffentlichung der «Rhythmischen Gymnastik» als Anleitung zu musisch-musikalischer Körperbildung. Dalcroze-Institute in Dresden-Hellerau, Berlin, Wien, London, St. Petersburg. Ab 1914 wieder in Genf.

Hellerau ist eine 1909 von Wolf Dohrn (1878–1914) begründete und geleitete Gartenstadt auf der Grundlage lebensreformerischer Gedanken und sozial-ethischer wie künstlerischer Zielsetzungen, die in jenen Jahren aufkommen. Hier soll verwirklicht werden, daß das Leben jedes Menschen «von Kunst durchdrungen» wird. In Hellerau sollen die Dresdner «Werkstätten für Handwerkskunst» ihre Produktionsstätten zur Serienherstellung von Gebrauchsgegenständen und deren Arbeiter ihre Wohnhäuser haben; um einen geistig-kulturellen Mittelpunkt sollen eigenständige künstlerische Tätigkeiten gelehrt und ausgeübt werden. Architektur und Natur, Kunst und Alltag sollen ineinandergreifen, der arbeitende und der künstlerische Mensch sollen einander im kulturellen Streben begegnen und das Leben zum gegenseitigen Wohl gestalten. 1914, bevor der Krieg dieser Entwicklung ein Ende setzt, wohnen über 2000 Menschen in Hellerau. Im Herbst 1910 eröffnet Jaques-Dalcroze mit über 40 Schülerinnen und Schülern aus seiner Genfer Schule und mit einer großen Anzahl von Neuanmeldungen, darunter auch Mary Wigman, seine «Bildungsanstalt für Rhythmische Gymnastik».

Hellerau:
Von Wolf Dohrn 1909 gegründete Wohn- und Arbeitsstätte nach reformerischen Grundsätzen, erbaut von Richard Riemerschmid, Festhalle von Heinrich Tessenow. Im Ersten Weltkrieg geschlossen, danach wieder Tanzinstitut. Von 1945–90 unter russischer Verwaltung. Sporadisch für Veranstaltungen genutzt, Restaurierung geplant.

Die Atmosphäre in Hellerau ist aufgeladen mit reformerischen und künstlerischen Ideen, in der kurzen Zeit seines Bestehens werden die Schulfeste und Aufführungen zur Sensation. Der bekannte Theaterfachmann und Bühnenbildner Adolphe Appia entwickelt hier einen völlig neuartigen, in sich variablen Gesamttheaterraum mit Wänden und Decke aus weißem Leinen, durch die hindurch Scheinwerfer einen Lichtraum entstehen lassen können, der bis dahin so noch nicht gestaltet worden ist. Viele bedeutende Persönlichkeiten wie Kafka, Werfel, Rilke, Shaw, Stanislawski oder Max Reinhardt sind Gäste dort, der Dirigent Ernest Ansermet notiert: «Sie gehen als Neugieriger hin und kommen als Wallfahrer zurück.» Und Paul Claudel, dessen Stück im folgenden Jahr aufgeführt werden soll, schreibt: «Eine Verschmelzung von Musik, Plastik und Licht, wie ich sie nie zuvor erlebt habe.»[17]

Was ist «Rhythmische Gymnastik»? Durch Emile Jaques-Dalcrozes Methode soll der Mensch seine körperlich-seelische Harmonie wiederfinden, die als im kollektiven Zivilisationsprozeß verlorengegangen empfunden wird – ein generelles Anliegen der Reformbewegung. Dies geschieht durch intensive Gehörbildung und körperliche Schulung anhand beispielhafter Musik, die in ihren Noten- und Taktwerten aufgenommen und mit den Gliedmaßen nachvollzogen wird. Beine und Arme, Rumpf und Schrittkombinationen sollen dabei unterschiedliche Rhythmen durchführen, gehend, schwingend und taktierend. Der Körper soll sich im rhythmischen Fluß der Musik bewegen, wobei mit fortschreitender Geläufigkeit eine immer größere Unabhängigkeit der Gliedmaßen voneinander erreicht wird. In solch differenziertem Körperrhythmus entwickelt der Schüler das bewußte Atmen, das innere Hören und Zuhören und gleichzeitig ein freies Körpergefühl und eine bewegliche Sensibilität, er stimuliert seine Phantasie und seine Improvisationsfähigkeiten.

Die rhythmischen Körperbewegungen werden für größere Musikwerke auch auf einzelne Gruppen verteilt, so daß im Zusammenwirken verschiedener rhythmischer Gruppen im Raum eine szenische Komposition von großer plastischer, musikalischer und ästhetischer Dichte entsteht. Ihre Wirkung ist ganz außerordentlich; der Münchner Tanzpädagoge Rudolf von Laban, der 1912 bei Vorproben zu den Festspielen zugegen ist, schreibt: «[...] ich bin von den Möglichkeiten begeistert»[18].

Körperarbeit und Sinneserfahrung waren bis dahin nahezu tabu. Die Methode Dalcroze eröffnet innerhalb der Reformbewegung eine neue Freiheit, sie ist unbestritten ein wichtiger Entwicklungsschritt auf dem Weg aus dem erstarrten Umgang mit der Tanz- und Theaterkunst. Doch Kritik daran als «Disziplinierung des Körpers» entsteht schon zu Dalcrozes Zeiten, mehr noch in späteren Jahren.[19]

In diesem aufregenden, so stark nach Neuem drängenden Ambiente werden Mary Wigmans kreativen Kräfte stimuliert. Sie wohnt in einem der kleinen Arbeiterhäuser «Am grünen Zipfel», zusammen mit Elsy Knüpffer aus Livland, Ada Bruhn aus Holland, der späteren Frau des Architekten Mies van der Rohe, und mit Erna Hoffmann aus der Schweiz, die schon bald den bekannten Psychiater Hans Prinzhorn heiraten wird; dieser wird im Leben Mary Wigmans noch eine bedeutende Rolle spielen.

Sie stürzt sich in das Neue, nimmt mit Eifer alle angebotenen Fächer wahr, sie lernt interessante Menschen kennen, trägt wie alle hier nicht mehr die enggeschnürten Gesellschaftskleider, sondern die weiten Gewänder der Reformbewegung. Alles ist für sie die gesuchte Herausforderung, sie arbeitet und lernt intensiv, wichtig am Unterricht ist ihr, *daß einem gesagt wurde: Nun sagen Sie das einmal mit ihrem Körper.*[20] Schon bald gehört sie zu den Fortgeschrittenen. Doch sie entdeckt, daß die hier geforderte und streng erübte extreme Unterwerfung unter die Musik, diese totale Vorherrschaft der Musik über die körperliche Bewegung, sie nicht befriedigt. Im Gegenteil, sie beginnt schon bald, in ihrem Zimmer eigene Improvisationen zu tanzen, ohne Musik, aus ihrem eigenen Körperempfinden heraus. Suzanne Perrottet, die begabteste Schülerin und nun ideale Assistentin von Jaques-Dalcroze, beschreibt in ihren Lebenserinnerungen deutlich ihren eigenen Ablösungsprozeß von seiner Methode. Und über Mary Wigman berichtet sie, daß diese ihr im zweiten Schuljahr einmal anvertraut habe, *[...] ich arbeite allein in meinem Zimmer, denn Dalcroze will ja nichts von mir wissen*[21].

So vergehen die beiden Studienjahre in Hellerau für Mary Wigman mit gemischten Gefühlen, sie beginnt zu zweifeln, ob die «Rhythmische Gymnastik» das ist, was sie will. Kann sie in diesem Zwiespalt den angestrebten Beruf als Lehrerin dieser Gymnastik überhaupt ausüben? Kann sie lehren, was ihrem eigenen Körpergefühl widerspricht? Und wenn nicht, was dann? Die Unsicherheit und Auswegslosigkeit machen sie unglücklich und sehr krank, doch im Frühsommer 1912 besteht sie die Prüfung zur Rhythmiklehrerin, wenige Wochen danach auch die Prüfung für Fortgeschrittene. Dieser Erfolg bringt ihr das Angebot von Jaques-Dalcroze ein, im Sommer 1913 in Köln im Rahmen der Werkbundausstellung die Methode Dalcroze weiteren Kreisen vorzustellen. Mit dieser Aussicht und ohne weitere Zielvorstellungen entschließt sie sich zu der Reise nach Rom, von der am Anfang dieses Kapitels die Rede ist.

Schulfest in Hellerau, 1912

Als sie im April 1913 nach Hellerau zurückkehrt, wo die Proben für das Claudel-Stück «Verkündigung» in vollem Gange sind, hat sich der Plan für Köln zerschlagen. Doch inzwischen interessiert sich Max Reinhardt für eine Zusammenarbeit mit der Bildungsanstalt Hellerau, es wird die Gründung einer Zweigschule in Berlin erwogen und Mary Wigman soll die Leitung übernehmen. Gleichzeitig erfährt sie, daß Suzanne Perrottet, die bereits im Mai 1912 Rudolf von Laban privat kennengelernt hatte, nun endgültig zum neuen Laban-Tanzstil, «Bewegung ohne Musik, ganz in sich selbst begründet»[22], «übergelaufen» ist und Hellerau verläßt, um bei Laban in der Sommerschule auf dem Monte Verità weiterzulernen. Von Emil Nolde, den sie durch die Freundin Erna Hoffmann kennengelernt hat, weiß Mary Wigman bereits von dem Tanzstil Labans und seiner Münchner «Schule für Kunst». Sie meint, bei diesem wenigstens bis zum Anfang ihrer Arbeit in Berlin weitere Anregungen zu finden. Der Vertrag hierfür soll ihr nach Ascona geschickt werden. Und wieder sieht sie die Herausforderung, entscheidet sich intuitiv zielsicher und reist im Sommer 1913 auf den Monte Verità.

«Mich, die Tänzerin, gebar keine Landschaft, mich formte das Element» (1913–1919)

«Sie setzte Expressionismus in Bewegung um» (Kokoschka)

Die Situation um 1900 in Deutschland scheint politisch konsolidiert, der Zuwachs an Macht und Wohlstand gilt als selbstverständlich und gibt allenthalben Sicherheit und Zuversicht. Das Reich Kaiser Wilhelms II. sonnt sich im Erfolg einer autokratischen Militär-, Wirtschafts- und Kolonialpolitik. Doch gegen das protzige Geld des technisch-industriellen Kapitalismus wie gegen das satte, spießige Bürgertum und gegen den phrasenhaften, militärisch-schneidigen Patriotismus, gegen die immer weiter um sich greifende Technisierung wie überhaupt gegen die materialistischen Denkmuster der Gesellschaft wenden sich vor allem die Kräfte der Jugend in der sich schnell ausbreitenden Jugend- und Wandervogelbewegung. Auf geistig-kulturellem Gebiet wachsen revolutionäre Tendenzen; charakteristisch ist der Zerfall der bis dahin gültigen Traditionen und Werte und die Suche nach neuen Gestaltungsprinzipien in der Kunst. Ob in Zeitschriften wie dem «Simplicissimus», der «Jugend», «Der Blaue Reiter» oder «Der Sturm», ob in Theaterstücken von Wedekind, Ibsen, Zola oder Hauptmann, ob in Bildern der «Neuen Sezession» in Berlin oder der «Brücke» in Dresden, ob im magischen Symbolismus oder architektonisch-rhythmischen Kubismus, ob in der Musik von Strawinsky und Schönberg, überall wächst die Kritik an bisher gültigen Lebens- und Formprinzipien und sucht deren Überwindung. Gleichzeitig gibt es eine Hinwendung zu irrationalen Utopien in esoterischen, politischen und (pseudo-)wissenschaftlichen Schriften. Nietzsches «Umwertung aller Werte» (Gottfried Benn nennt ihn «das Erdbeben der Epoche»), Kandinskys Erwartung der «Epoche des großen Geistigen», dazu die Begegnung mit den gesellschaftlichen und wirtschaftlichen Merkmalen des technischen Zeitalters und die ungeahnten Auswirkungen neuer Erfindungen und der mit all diesen Phänomenen verbundene «Verfall der Humanität» – all das bewirkt eine Dynamisierung der kulturellen Kräfte jener Zeit, die in ihren Grundfesten erschüttert ist und zu zersplittern beginnt.

Die frühen Jahre des neuen Jahrhunderts sind überreich an fähigen Künstlern auf allen Gebieten. Dies gilt auch für das Gebiet des künstlerischen Tanzes. Zum besseren Verständnis des Phänomens «Ausdruckstanz» soll diese Entwicklung hier etwas breiter aufgefächert werden.

«Erst heute bemerken wir», schreibt Kurt Peters 1992, «daß bereits die Mitte des 19. Jahrhunderts die Kulturwende des Tanzes einleitete, die wir erst der Jahrhundertwende zugeschrieben hatten, […] sowohl durch Bournonville[23] […], Erneuerer der Folklore auf der Ballettbühne, als auch durch François Delsarte[24] […], Wiederentdecker des menschlichen Körpers in seiner Trinität von Kopf, Torso und Gliedern. […] Das vorerst noch positionelle Lehrsystem [des klassischen Tanzes] trug damit bereits den Keim ungehemmter Entwicklung in sich, insofern als die Ausdrucksgebärde sich durch den Gedanken belebte. Darin wurde der grundlegende Unterschied zwischen klassischem Tanz und Ausdruckstanz klar. Der klassische Tanz bewegt sich stilisiert von Position zu Position, den Ausdruckstanz verbindet der Gedanke zwischen den Punkten (was Rudolf von Laban später die ‹Volute› nennen wird).»[25]

Mit diesem Neuansatz (später auch durch Emile Jaques-Dalcroze im Dreigestirn der frühen Tanzerneuerer) ist dem Tanz auf der Bühne und später auf dem Podium die große Entwicklungschance gegeben, mit der er sich nach der Jahrhundertwende im neuen Weltgefühl der absoluten inneren Wahrhaftigkeit und der ganz persönlichen Ausdrucksnotwendigkeit in der Kunst seinen Welterfolg als «Ausdruckstanz» ertanzen wird.

Ausschlaggebend dafür ist vor allem die sozio-kulturelle

Entwicklung des Menschenbildes, die den Menschen als in seiner Vitalität eingeschränkt und somit als sinnliches Erziehungsobjekt wahrnimmt, im Gegensatz zur bisher rein intellektuellen Bildung. Gegen die in der christlichen Religion gründende Trennung von Körper und Geist kommt es seit der Aufklärung langsam zu einer Hinwendung zum Körper, zuerst noch in eher starren «Leibesübungen». Doch gleichzeitig besinnt man sich auch auf den griechischen Ursprung aller gymnastischen Körperkultur, deren Grundlage die freie Bewegung als Ausdruck des Lebens war und deren gymnastische Ziele immer den Menschen als Ganzheit im Blick hatten. Gymnastik wird um 1900 zur Lebensphilosophie, es entstehen Bewegungsschulen der verschiedensten Ausprägung; Tanz, Gymnastik, Lebensreform, Jugendreform, Naturkult und sozialorientierte Gruppen eröffnen vielerlei Aspekte der körperlichen Betätigung. Gymnastikschulen für Frauen, für gemischte Gruppen, für Kinder, für Arbeiter entstehen allerorten und werden massenhaft frequentiert. Die beginnende Frauenbewegung spielt dabei eine wichtige Rolle. Allen Ansätzen gemeinsam ist das Erlebnis des eigenen Körpers als komplexe Lebens- und Selbsterfahrung in Form einer Ausgleichs- oder Ausdrucksgymnastik, fast immer gerichtet gegen die als entfremdet empfundene Lebensweise der Zeit. Namen wie Jaques-Dalcroze, Henrik Ling, Bess Mensendieck, Kallmeyer, Loheland, Duncan stehen für unterschiedliche gymnastische Systeme. Es ist die Zeit des Volkstanzes bei der Jugend, die Zeit auch der Revuen und des Varietés.

Loie Fuller und Isadora Duncan, beide Amerikanerinnen, von der Kunst des Jugendstils und der griechischen Antike angeregt zu ihren autodidaktischen Tanzschöpfungen, betreten mit ihren Darbietungen um 1900 als Solistinnen tänzerisches Neuland. Die im Tanz mit verschwebenden Schleiern und neuartigen Lichteffekten erzeugten Stimmungen der Loie Fuller (1862 – 1928) begeistern vor allem die Künstler; der von griechischen Vasenbildern inspirierte posierende Tanzstil der Isadora Duncan (1878 – 1927) trägt ganz wesentlich zu einem freieren und emanzipierteren Frauenbild auf der Bühne bei.

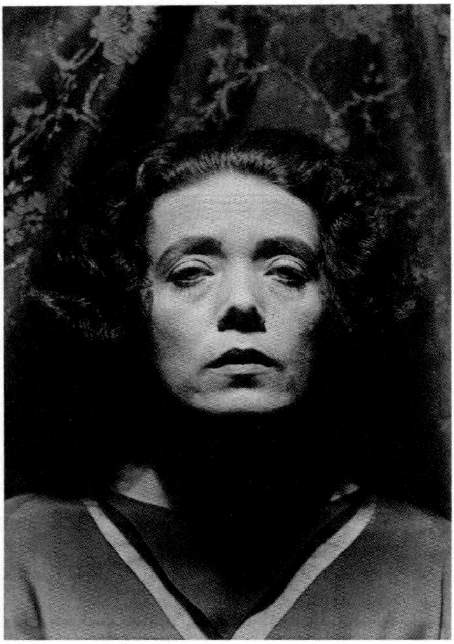

Mary Wigman. Porträtstudie von Hugo Erfurth, Dresden, um 1920

Wie auf den anderen künstlerischen Gebieten gibt es auch im Tanz mehrere unterschiedliche Entwicklungsstränge, die mit bestimmten Zeitverschiebungen nebeneinander bestehen und in prägnanten Einzelpersönlichkeiten Triumphe feiern. Da werden vor allem dekorativ-ornamentale Akzente gesetzt, so von den drei Schwestern Bertha, Grete und Else Wiesenthal aus Wien mit ihren leichtfüßigen, anmutigen Walzertänzen, von dem Tanzpaar Clotilde von Derp/Alexander Sacharoff, von Ruth St. Denis, Rita Sacchetto, Sent M'ahesa. In diesen Umkreis gehört auch das neue Schönheitsbewußtsein, aus ihm entstehen der «Schönheitstanz» (Mérode, Otéro) und der Nackttanz (Olga Desmond) sowohl auf der Bühne, aber vor allem in vielen Schulen und den zu ihnen gehörenden Grünanlagen. Der nackte Körper, allzulange unter enggeschnürten Kleidern prüde versteckt, stärkt das weibliche Selbstbewußtsein und die Freude am natürlichen Erleben.

Eine entscheidende Weiterentwicklung des Tanzes als Gefühls- und Ausdrucksgebärde ist mit den Namen von Gertrude und Ursula Falke, Käthe Wulff, Edith von Schrenk, Gertrud Leistikow oder Niddy Impekoven und vielen anderen verbunden. Dazu Charlotte Bara mit ihren mystischen und sakralen Tänzen, im Gegensatz zu alldem Valeska Gert mit ihrem Charakter- und Grotesktanz.

Die Entwicklung des Tanzes ist eingeschlossen in die Bewegung des Expressionismus. Die ihm in allen Ausprägungen zugrunde liegende und treibende Kraft ist der umstürzende, sogar zerstörerische Veränderungswille, ein revolutionäres, fast evolutionäres Aufbrechen aller politischen, ästhetischen und emotionalen Kräfte hin zu immer neuen Erkenntnissen und Veränderungen. Das Ziel ist die Utopie einer radikal neu geschaffenen Welt und Gesellschaft. Und der Künstler wird als einer der Berufenen angesehen, an dieser Utopie mitzuarbeiten. Denn in vielen Künstlern lebt «das Bewußtsein, daß unsere Ideenwelt […] Elemente einer Bewegung in sich schließt, deren Schwingungen heute auf der ganzen Welt zu fühlen sind»[26], so Franz Marc in der ersten Ausgabe des «Blauen Reiter» 1912. Eine große Ernsthaftigkeit und ein moralisches Pflichtbewußtsein, aber auch ein fast maßloser Sendungsglaube und ein nicht zu übersehender Herrschaftsanspruch lassen sich in vielen schriftlichen Zeugnissen von Künstlern (auch Mary Wigmans) jener Jahre nachweisen.

Expressionismus: Synonym für die fortschrittliche, doch sehr unterschiedliche Entwicklung aller Kunstsparten nach 1900 in Europa, erstmals 1911 so genannt von Herwarth Walden in der Zeitschrift «Der Sturm». Wird von Zeitgenossen 1923 als in seiner gesellschaftlichen Utopie verfehlt und damit beendet angesehen, bleibt aber in seiner künstlerischen Realität noch bis Ende der zwanziger Jahre wirksam.

In dieser «expressionistischen Revolution» gegen die Saturiertheit in der materialistischen Lebenshaltung breiter Kreise der Gesellschaft wirkt noch eine weitere Kraft, die sich in den unzähligen okkultistischen und spirituellen Praktiken und Schriften jener Zeit manifestiert (und auch für die Entwicklung Mary Wigmans bedeutend ist). Die (Wieder-)Ent-

Femme joyeuse.
Ölgemälde von
Ferdinand Hodler,
1911/12.
Winterthur,
Kunstmuseum,
Depositum 1991

deckung der spirituellen Wahrnehmungsfelder des Menschen soll ihm neue Erfahrungsräume eröffnen. Die geistige Energie gilt als die wahre Ursache im andauernden Wandlungsprozeß des Lebens, und der Mensch wird als der Ort angesehen, an dem und durch den sich die Harmonie der divergierenden Kräfte verwirklichen kann und muß. «Die Mystik erwachte in den Seelen und mit ihr uralte Elemente der Kunst», schreibt Franz Marc und weist auf die «im Weltbilde gefühlte mystisch-innerliche Konstruktion» hin, die das «große Problem der heutigen Generation ist».[27] Hierin liegt das Gemeinsame aller jener Strömungen: einerseits in der Beschäftigung mit der Mystik und mit den Gedanken Delsartes über das «Dreiheitsgesetz» als der prinzipiellen dreifachen Geordnetheit allen Seins bzw. über das «Gesetz der Entsprechungen» zwischen Körper,

Seele und Geist, das auch Rudolf Steiner in seinem anthroposophischen Weltbild anregte[28]; auch in der Erwartung des «großen Geistigen» vieler Künstler; andererseits im Interesse an den Entdeckungen der Tiefenpsychologie Freuds bis hin zu einem sozial motivierten Menschenbild und zur Begeisterung über die naturwissenschaftliche Entdeckung der bewegten Welt der Atome.

Vor diesem energiegeladenen, vielschichtigen Hintergrund erscheinen auch die extreme künstlerische Manifestation und die persönliche Lebenshaltung Mary Wigmans klarer umrissen. Entwicklung, Arbeitsweise, Themenstellung, Wirkung, künstlerische Bedeutung und Wirkungsgeschichte ihres «Freien Tanzes», des «Absoluten Tanzes», sind erst in diesem Gesamtkontext zu begreifen.

Der Expressionismus in all seinen Formen ist somit im ersten Drittel des 20. Jahrhunderts die treibende Kraft vor allem der Künste, teilweise aber auch des gesamtgesellschaftlichen Prozesses. Wobei, wie der Kunsthistoriker Richard Hamann schreibt, vor allem durch die frühe exklamatorische «Schrei-Lyrik» und durch das engagiert pathetische Theater mit seiner offensiv zur Schau getragenen Ausdrucksdramatik, durch das politisch engagierte Theater und durch die aktivistischen Theoretiker jener Zeit «der geistige und politische Elan entfesselt wurde, ohne den der Expressionismus wohl nie ein auf ‹Revolution› hindrängendes Gruppen- ja geradezu Massenphänomen geworden wäre»[29].

Auch Mary Wigman steht, obwohl erst am Anfang ihres Weges, mitten im allgemeinen geistigen und künstlerischen Entwicklungsprozeß und trägt mit ihrer schöpferischen Persönlichkeit grundlegend dazu bei. Nichts macht dies so deutlich wie die Gegenüberstellung ihrer Gedanken zu Bewegung und Tanz mit denen zweier epochemachender Künstler, Arnold Schönberg und Wassily Kandinsky, zu Musik und Malerei aus derselben Zeit.

Der zentrale Gedanke dieser beiden Künstlerpersönlichkeiten, die in jenen Jahren die künstlerische Entwicklung nicht nur vorantreiben, sondern auch ihren Prozeß und ihre Zielsetzung formulieren, soll nur angedeutet werden, um den Kern der Kunstentwicklung und damit auch des neuen Tanzes verständlich zu machen. Was Kandinsky (1866–1944) auf dem Gebiet der Abstraktion in der Malerei und Schönberg (1874–1951) in der Begründung der reinen Atonalität in der Musik bewirken, bringt Mary Wigman in der Entwicklung des modernen Tanzes zum Ausdruck. Im ersten Briefwechsel vom 18. Januar 1911 schreibt Kandinsky an Schönberg: «Ich finde eben, daß unsere heutige Harmonie nicht auf dem ‹geometrischen› Wege zu finden ist, sondern auf dem direkt antigeometrischen, antilogischen. Und dieser Weg ist der der ‹Dissonanzen in der Kunst›, also auch in der Malerei ebenso wie in der Musik. Und die ‹heutige› malerische und musikalische Dissonanz ist nichts anderes als die Consonanz von ‹morgen›.» Und Schönberg antwortet darauf: «Ich bin sicher, daß wir uns begegnen. Und zwar in dem wichtigsten. In dem, was Sie das ‹Unlogische› nennen und das ich ‹Ausschaltung des bewußten Willens in der Kunst› nenne. [...] Die Kunst gehört dem Unbewußten! Man soll sich ausdrücken! Sich unmittelbar ausdrücken.»[30] Hier wird ausgesprochen, was Mary Wigman empfindet und was wegweisend sein wird für die Kunst des 20. Jahrhunderts: das (aus dem damaligen Blickwinkel) Alogische und Dissonante in der Kunst und das unbewußt Schöpferische im Künstler.

Arnold Schönberg (1874, Wien – 1951, Los Angeles), Komponist, Lehrtätigkeit in Wien und Berlin, Begründer der reinen Atonalität, Anfänge der «Zwölftonmusik», seine Schüler: Anton Webern, Alban Berg, Hanns Eisler. 1933 Emigration in die USA.

Wassily Kandinsky (1866, Moskau – 1944, Paris), Kunststudium in Moskau und München, Mitbegründer der «Neuen Künstlervereinigung» und mit Franz Marc 1911 Gründer des «Blauen Reiters», ab 1922 Lehrtätigkeit am «Bauhaus». Übergang zur freien Malerei, 1911 erstes abstraktes Aquarell.

Beide Künstler haben in dieser Umbruchphase Bedeutung für die gesamte weitere Entwicklung der Kunst, sie sind in vielen Aspekten repräsentativ. Wie Arnold Schönberg 1911 in seiner «Harmonielehre», dem ersten Manifest seiner neuen

Musiktheorie, betont, daß «nur das Gehör, die Tonempfindung, der Schaffensdrang, die Phantasie führen dürfen; niemals hingegen die Mathematik, die Kombination, die Ästhetik»[31], so bezeichnet Kandinsky in seiner grundlegenden Schrift «Über das Geistige in der Kunst» (1912) als den einzigen «unfehlbaren Führer» und den «einzig rein künstlerischen Maßstab» im Spiel der Formen und Farben «das Prinzip der inneren Notwendigkeit»[32]. Das bedeutet, daß jeder künstlerische Ausdruck seine Bedingungen nur in sich selber hat und nicht von außen bestimmt wird, daß jeder einzelne künstlerische Akt aus sich heraus jeden weiteren Akt gebiert. Und genau hier liegt auch der Ansatzpunkt Mary Wigmans.

Aller Wahrscheinlichkeit nach liest sie die genannten Veröffentlichungen zum damaligen Zeitpunkt nicht, wohl auch nicht, was Kandinsky dort über den neuen Tanz schreibt (er arbeitet mit dem Tänzer Alexander Sacharoff und dem Komponisten Thomas von Hartmann zusammen): «Wir stehen vor der Notwendigkeit der Bildung des neuen Tanzes, des Tanzes der Zukunft. Dasselbe Gesetz der unbedingten Ausnützung des inneren Sinnes der Bewegung, als des Hauptelementes des Tanzes, wird auch hier wirken und zum Ziele bringen. [...] So wird bald auch im Tanze der innere Wert jeder Bewegung gefühlt [...]. Von diesem Augenblick an beginnt der Tanz der Zukunft.»[33] Mary Wigman spürt von Anbeginn an in sich diesen inneren Sinn und Wert jeder Bewegung, erlebt die körperliche bzw. tänzerische Eigenbewegung in ihrer inneren Notwendigkeit als das wesentliche künstlerische Prinzip des Tanzes. Und sie wird unablässig weiter danach suchen, bis sie es als ihren Tanz begreift und verwirklichen kann als den «Tanz der Zukunft».

In diesem Sinne notiert Mary Wigman ihre klare Vorstellung vom tänzerischen Entstehungsprozeß 1913 in ihr Tagebuch: *Wenn der Tänzer es versteht, auf das in ihm sich vollziehende Bewegungsspiel zu lauschen, es festzuhalten und es zu einem eigenen Körperrhythmus zu entwickeln, kann er auf jedes von außen kommende Anregungsmittel verzichten.*[34] Hier (und in anderen Aufzeichnungen) formuliert sie bereits am Anfang ihrer künstlerischen Entwicklung ihre bahnbrechenden Gedanken zu

Tanz und Bühne, die sie als Tänzerin, als Choreographin und Pädagogin im Lauf ihres Lebens immer weiter ausarbeiten wird.

Um annähernd einen Begriff zu geben von der ungeheuren Intensität ihrer körperlichen Empfindung in der Hingabe an die Bewegung, sei ein kurzer Text aus ihren Aufzeichnungen von 1915 / 16 zitiert: *Der Kreis. Ihr Körper zeichnet einen Kreis in den Raum, die Füße laufen mit großen tiefen Schritten eine Linie, treffen im Lauf stets die selben Punkte des Kreises. Sie bannt diesen Kreis in diesen Raum, ward von ihm gebannt. Geheime Kraft geht von ihm aus, hält die Füße. Eine zweite Kraft strömt von seiner Mitte aus, zieht den oberen Körper zu sich; von der Mitte regiert, verfolgen die Füße vorgeschriebene Bahn. Lebender Zirkel ist sie, dem Gesetz unterliegend, das sie selbst beschwor. – Wer kann sie erlösen? Sie verlor die Macht über sich. Von fremder Gewalt gejagt, rasen die Füße den qualvollen Kreislauf. Es brennt ihr der Kopf; der Körper, ganz Boden unter ihr, wird glühender Kreis. Sie findet den Weg nicht, der nach außen führt, immer Kreise. – Da: ein Gedanke, blitzhaft entstanden: die Mitte. Selbst Mitte werden, von dort den selbstgeschaffenen Wahn vernichten. Ausstreckend die Arme, neigt sie den Kopf zur Mitte, wankt. Die Füße lösen sich von der Kreisbahn ab, sie fällt schwer zu Boden, zittert in der Mitte des Kreises, der nicht mehr ist.*[35] In solch expressiver Hingabe verwirklicht sich *das Wesen der Dinge in Bewegung*, und sie weiß sich allein diesem verpflichtet, *mein Herrscherbewußtsein macht mich zum Herren aller Räume in Einem, ich bin der Tanz und bin die Priesterin des Tanzes.*»[36]

Der Aufbruch: Zum freien Tanz

Im Sommer 1913 reist Mary Wigman ins Tessin, wandert zu Fuß von Locarno nach Ascona und von dort durch Gärten und verwildertes Grün auf den Monte Verità. Ein mühsamer Weg, wie eine Vorwegnahme ihres dort beginnenden Lebensweges. Sie wandert ohne viel Gepäck und ohne zu wissen, was es mit dem Berg für eine Bewandtnis hat. Sie ahnt nicht, daß die Tage dort oben ihr Leben endgültig entscheiden werden. Oben angekommen, geht sie zielsicher dem Geräusch einer Trommel nach und findet den Gesuchten, Rudolf von Laban, auf einer Wiese *mit kurzen Hosen und einem weißen Hemd, eine Trommel in der Hand und ein paar Mädchen und ein kleiner Zwerg, die sich da bewegten.* Und auf seine Frage antwortet sie, daß sie mitmachen wolle. *Na ja, da zieh'n Sie sich hinter dem Busch aus und kommen Sie her. Tat ich. Und es war, als käme ich nach Hause! Ist mir unvergesslich geblieben, dies wunderbare Gefühl, mit dem ich da stand und plötzlich unter der Diktatur eines Trommelrhythmus glücklich und selig war.* 37

So unkonventionell und unkompliziert wie diese ersten Schritte auf der Wiese beginnen und vergehen für Mary Wigman die Tage in der sonnigen Einfachheit auf dem Hügel der «Naturheilanstalt» oder «Cooperative» Monte Verità. Dieser Ort bietet nicht nur licht- und sonnenhungrigen Kranken

Der **Monte Verità** oberhalb Ascona ist bereits 1870 Refugium für Bakunin und die Anarchisten, 1900 als «individualistische, vegetabilische Cooperative» von Henri Oedenkoven (1875–1935), Ida Hofmann (1864–1926) und den Brüdern Gräser aufgebaut. Gleichzeitig Sonnen-Kuranstalt. 1914–18 Emigrantenort, danach Privatbesitz, später Hotelbetrieb, ab 1933 «Eranos-Tagungen», ab 1972 «Balint-Treffen», heute Privatbebauung, das Haupthaus, Casa Anatta, Museum.

Betty Baaron Samoa, Totimo(?), Isabelle Adderley, Rudolf von Laban, Maja Lederer, Suzy Perrottet, Katja Wulff (v.r.), Ascona 1914. Foto von Johann Adam Meisenbach

Linderung ihrer Leiden, sondern er ist in jenen Jahren die vielbesuchte Alternative für Zivilisationsmüde aller Couleur, Sozialutopisten und Lebensreformer auf der Suche nach einem dritten Weg zwischen Kapitalismus und Kommunismus, ein buntes Gemisch aller Weltanschauungen: Menschen, die entweder ihr persönliches Heil oder die neue Weltordnung suchen und diese im Naturerlebnis, in Kommunen und Diskussionen oder in künstlerischen Tätigkeiten ausleben wollen. Alldem verleiht die Frauenbewegung mit ihren aus Korsett und Ehe ausgestiegenen Freiheiten noch eine besondere Note. Es ist ein «Wallfahrtsort und Durchgangslager», ein Gemisch aus Revolution und Okkultismus, das «Gesamtkunstwerk einer Epoche»[38], dessen Geist der Utopie nach dem Ersten Weltkrieg langsam verfällt.[39]

In diese Atmosphäre zieht es Rudolf von Laban, den Tanz- und Bewegungslehrer aus München, hier richtet er für mehrere Jahre das Sommerquartier seiner «Schule für Kunst» ein. Im reformerischen Sinne bietet diese in ihren Kursen ein weites Feld an Tätigkeiten: Kurse für «Bewegungskunst», «Tonkunst», «Wortkunst» und «Formkunst», die alle der Selbsterfahrung dienen sollen. Die Entdeckung des eigenen Körpers, seiner Bewegungsbedürfnisse und -möglichkeiten, seines Erfahrungs- und Ausdrucksreichtums sind der Weg und das Ziel der «Schule für Kunst», aus ihr entwickelt sich erst die Anleitung zu künstlerischer Gestaltung. Laban selbst leitet die Bewegungskurse, Gymnastik und Tanz in freier Form, dazu Körperarbeit im Zusammenhang mit Sprache, Gesang, Ton und Musik. Die «Formkunst» wird von

Rudolf von Laban, 1920, der wichtigste Theoretiker und Lehrer des Ausdruckstanzes

Henri Oedenkoven und Ida Hofmann unterrichtet, das sind die handwerklichen Fächer Weberei, Schreinerei, Malen, Bildhauerei und Gärtnerei. Man lebt in kleinen Gartenhäuschen oder kleinen Kommunen im Grünen, das warme Klima und die propagierte Einfachheit verlangen nicht viel.

Hier nun lernt Mary Wigman eine kreative Freiheit kennen, die ihren Drang nach persönlicher Bewegungsaussage in allen Phasen anregt und erweitert, so daß sie sich dem *Rausch des ziellosen Improvisierens*[40] gänzlich überlassen kann. Gründete in Hellerau noch die «Rhythmische Gymnastik» auf der Musik, steht hier bei Laban der Körper im Vordergrund, alle Bewegung geht von ihm aus, der Körper darf hier erst einmal entdeckt werden; nicht nur alle seine Bewegungsmöglichkeiten dürfen gesucht und ausprobiert werden, sondern dem körpereigenen Bewegungsimpuls darf, ja muß nachgegangen werden, so lange bis der Körper selbst die Bewegung aus seinem Zentrum heraus in die Glieder führt. Dabei wird der persönliche Rhythmus innerhalb der Bewegung oder der aus Ruhe und Bewegung entdeckt. Dies hat Mary Wigman gesucht, nun kann sie auf das sich in ihr *vollziehende Bewegungsspiel lauschen*, kann lernen, ihrem eigenen Bewegungsimpuls zu vertrauen, *die Muskelfunktionen zu empfinden, zu kontrollieren, den Körper für die Bewegung zu erwecken.* Sie erfährt, daß Bewegung eine eigene Dynamik und eigene Gesetze hat, denen man sich anvertrauen kann. Sie beginnt ihren Körper als Instrument zu begreifen und damit *dies Instrument dem künstlerischen Wollen dienbar zu machen.*[41] Labans Ansatz in seiner Tanz-Ton-Wort-Kunst jener frühen Jahre ist das persönliche Bewegungserlebnis des einzelnen, das Ziel ist die «reine Bewegung», die die unbewußten, spirituellen, emotionalen und schöpferischen Kräfte im Men-

Rudolf von Laban
(1879, Preßburg – 1958, Weybridge, England), Kunst- und Ballettstudium in München, Paris, Wien. 1910 erste «Schule für Kunst» in München, ab 1911 auch auf dem Monte Verità, 1914–18 in Zürich. Danach «Tanzbühne Laban» in Stuttgart, Hamburg, Berlin. Arrangiert sich mit dem NS-Regime, 1934 Leitung der «Deutschen Tanzbühne» und 1936 der «Meisterwerkstätten für Tanz». 1936/37 Schließung seiner Schulen, geht nach Dartington Hall, England.

schen freisetzt und ihn so im Kosmos mitschwingen läßt. Das übergeordnete kosmische Erleben gehört, wie in allen künstlerischen Bestrebungen jener Jahre, ganz wesentlich zum ‹Lehrplan› dazu. Andererseits sind es künstlerische Impulse, die den Körper als imaginatives und produktives Zentrum neu erfassen. Beide Motive sind eng miteinander verbunden und inspirieren sich gegenseitig. Dies läßt sich deutlich in Labans und Mary Wigmans Arbeit nachweisen.

In seinem Buch «Die Welt des Tänzers» von 1920 schreibt Rudolf von Laban: «Der Tanzbegriff, der Tanz, ist schlechthin ‹das Sein›. Der Tanz ist der lebendige Ausdruck der Relativität des Weltgeschehens, sein Sinn ist dadurch ein Endliches und Unendliches zugleich.»[42] Mit unserem heutigen Vokabular würden wir vielleicht sagen, der Tanz weist auf den dynamischen Zusammenklang alles Lebendigen hin, auf das rhythmische Schwingen zwischen gegenseitigem Nehmen, Geben und Bedingen aller Erscheinungen in einem dynamischen Gleichgewicht, in der «Relativität des Weltgeschehens», dem «Tanz der Tänze». Und im Tanz ist der Mensch aktiv in dies dynamische Lebensgesetz des Kosmos eingebunden. Solche Gedanken zum Tanz haben bis heute ihre Wirkung nicht verloren.

Gleichzeitig aber ist Laban auch ein exakter empirischer Forscher; er sucht Ursprung, Gesetzmäßigkeiten, Unterschiede und Zusammenhänge im bewegten Körper. Wie andere Künstler auch, geht er auf Ursprungselemente zurück, auf grundlegende Bewegungsmuster, in denen er den Ausgangspunkt aller Erfahrung und Mitteilung und schließlich auch aller Ausdrucksmöglichkeiten des Menschen sieht. Nicht zuletzt in den Tänzen und Bewegungsrhythmen der Naturvölker erkennt Laban die körpereigene Ursprünglichkeit als ausschlaggebend. Seine theoretischen Erkenntnisse erarbeitet er aus der praktischen Erfahrung. Mary Wigman beschreibt mehrfach, wie er jeden Bewegungsablauf genau an ihr studiert. Ihn interessieren dabei sowohl die anatomischen wie auch die physikalischen und die raumgesetzlichen Zusammenhänge, er geht aus vom «Körper als dem Bewegungsstoff» und kommt zum «Raum als dem Träger der Bewegungsform».[43] Ihm geht es um grundlegende Erkenntnisse über Bewegungsabläufe und Bewegungsgesetzlichkeiten, aber auch darum, diese zu notieren, was ihn zu einer Tanzschrift, der «Labanotation» führen wird. Gleichzeitig formuliert er, daß sich der Tanz, wie alles andere Leben auch, in den Faktoren «Zeit-Raum-Kraft» manifestiert.

Nach ausführlichen Meßergebnissen begründet Rudolf von Laban ein Raumsystem aller Bewegungsmöglichkeiten und Bewegungsrichtungen des menschlichen Körpers in seinen Körperebenen (Raumlehre oder Choreutik). Dabei gelangt er zur Kristallform des Dodekaeders und des Ikosaeders; und er erkennt, daß der Kristall Winkelverhältnisse aufgebaut hat, die jenen der menschlichen Bewegungsmöglichkeiten verwandt sind. Der Ikosaeder wird ihm zum Grundmodell aller menschlichen Bewegungen im Raum und gleichzeitig auch zum Symbol für die in allem wirkende formgebende Kraft. Was Laban theoretisch darlegt, übersetzt Mary Wigman in Tanz und in tänzerische Begrifflichkeit. *Unsichtbar über den Boden gebreitet, der Tänzerseele fühlbar, liegen Formen, Linien. Sie bauen sich kristallinisch empor: unsichtbare Paläste aus Schwüngen. Jede Bewegung des Tänzers wird zum Baustein der bewegten Architektur. Aus der Vermählung von Körper und Raum entsteht: die gerade Linie, der Kreis, die Acht, das Drei-, Vier- und Fünfeck übereinandergelagert, sich kreuzend, einander durchdringend, als Kugel, Pyramide, Kubus dreidimensional erlebt.* [44]

Mary Wigman empfindet große Nähe zu den Gedanken und zur Praxis ihres Lehrers Laban. Sein Umgehen mit dem Rhythmus als dem bestimmenden Antrieb aller Bewegung entspricht ihren Erfahrungen. Sein Arbeiten nahezu ohne Musik trifft genau ihre Intention: *Fast alle unsere modernen Tänzer und Tänzerinnen verkörpern Musik, tanzen Fremdes und könnten vielleicht Eigenes schaffen. Frei werden von der Musik! Das müßten sie alle! Erst dann kann sich die Bewegung zu dem entwickeln, was alle von ihr erhoffen: zum freien Tanz, zu reiner Kunst.* [45] Das notiert sie 1913 ins Tagebuch. In diesen Überlegungen gründet ihre Ausarbeitung des musiklosen Tanzes, den sie als erste auf der Bühne zeigen wird, und der nach anfänglich großem Befremden schließlich enthusiastisch aufgenommen werden wird.

Ein anderes bedeutendes Erlebnis für Mary Wigman sind Labans private Unterrichtsstunden mit Patienten der Kuranstalten des Monte Verità, zu denen sie ihn manchmal begleitet. Jedesmal ist sie hingerissen von seinem starken Einfühlungsvermögen und der daraus resultierenden «Heilkraft» der Bewegung. Ganz allgemein wird sich diese heilende Kraft der (eurhythmischen) Bewegung schließlich zur heutigen Tanztherapie entwickeln.

In der Kolonie werden natürlich auch ausführlich alle Themen der neuen Kunstentwicklung und der Lebensreform diskutiert; die locker fallenden Kleider und Kittel werden selbst genäht, das Gemüse selbst gepflanzt, in allen Bereichen wird das Do-it-yourself begeistert praktiziert. Berühmt werden die großen Feste auf dem Monte Verità, die Laban mit ausladender Phantasie und mystischer Geste zusammen mit seinen Schülerinnen und Schülern ausrichtet.

So ergeben sich in diesen Sommerwochen auf dem Monte Verità für Mary Wigman ganz unerwartete Lebensentscheidungen. Sie war aus Hellerau hierhergereist mit der Vorstellung, die neu eingerichtete Berliner Zweigschule für «Rhythmische Gymnastik» von Jaques-Dalcroze als Leiterin zu übernehmen. Aber hat sie nach all dem hier Erlebten noch die Kraft und den Willen, dessen Methoden überzeugend zu lehren? Den Vertrag, den sie nachgeschickt bekommt, zeigt sie mehr oder minder zufällig Laban; der gratuliert ihr zur *«Lebensstellung»* und sagt dann den alles entscheidenden Satz: *«Eigentlich schade! Sie sind doch eine Tänzerin und gehören auf die Bühne.»* Mary Wigman kann es kaum glauben, sie eine Tänzerin? *Meinte er es ernst, glaubte er daran, glaubte er an mich?* Den Vertrag unterschreibt sie nicht, ihr ist klar, sie wird bei Laban bleiben. *Ich entschied mich für die Freiheit und stand vor dem Nichts. Aber dieses Nichts war lockend.*[46]

Im Oktober endet die Saison auf dem Monte Verità, und Labans «Schule für Kunst» siedelt wieder in ihr Stammquartier in München über. Auf den geliebten Hügel werden alle noch viele Sommermonate zurückkehren, und später ist Mary Wigman noch oft dort als Besucherin, voll wehmütiger Erinnerungen, *alles verlebendigt sich vor den Augen, nicht mehr nur Erinnerungsbild, sondern Leben, heiß und inbrünstig gelebtes Leben* [47]. Dorthin soll 1973 noch einmal eine Reise gewagt werden, doch der Tod läßt diesen letzten Abschied nicht mehr zu.

Mary Wigman hat sich entschieden, bei Rudolf von Laban zu bleiben und Tänzerin zu werden. Doch wohin dieser Weg sie tatsächlich führen wird, ist noch völlig ungewiß.

Erste Schritte: Der Lebensraum der Tänzerin

Schon zu Anfang ihres Aufenthalts in München wird ihr in den Wintermonaten 1913 / 14 eine wichtige Aufgabe übertragen. Da Laban schwer erkrankt ist, übernimmt sie mutig den Unterricht und beginnt damit ihre pädagogische Laufbahn. Bald wird sie seine engste Mitarbeiterin, in Tanz und Pädagogik folgt sie ihm mit *unerschütterbarem Glauben*, aber auch in klärender Abgrenzung. Sie nennt ihn nicht ihren Lehrer, sondern ihren *großen Anreger*: *[…] ich habe lange gebraucht, bis ich ihm so zu danken vermochte, wie ich es heute ohne jede Einschränkung tue.* [48] Labans schillernd-vitale Persönlichkeit, sein *ungewöhnlicher Charme* und seine vielfältigen Fähigkeiten, aber auch Mary Wigmans Persönlichkeit und ihre tänzerische Intuition verbinden beide. *«Ich brauche einen Freund, einen männlichen Freund. Und das bist du für mich»* [49], hat er in jenen Jahren zu ihr gesagt, und das hat sie *trotz mancher Anfechtungen* mitgelebt und ausgefüllt. Ihre Wege trennen sich nach etwas mehr als fünf Jahren, aber die Jahre mit Laban werden für Mary Wigman zu unvergleichlich fruchtbaren Jahren der schöpferischen Entwicklung und des Vertrauens auf sich selbst.

München ist zu jener Zeit eine Hochburg der Moderne, gleich hinter Paris und Rom, wie Frank Wedekind meint. Es kocht und brodelt, und Erlösungsphantasien jeglicher Art brauen sich zusammen, politische, künstlerische, esoterische. Die Gastspiele aller neuen Tänzerinnen und Tänzer der Zeit, die verschiedenen Rhythmikschulen haben Einfluß auf die moderne Tanzbewegung. Rhythmische Gymnastik lehrt in München schon seit 1905 die Engländerin Margaret Rice, die spätere

Mary Wigman in «Hexentanz I», 1914

Frau von Rudolf von Delius, der ein früher Bewunderer Mary Wigmans sein wird und 1925 ein erstes Buch über sie veröffentlicht. Der Boden ist vorbereitet für Labans Münchner «Schule für Kunst» im Studio in der Schwanthaler Straße 37, wenngleich um Schüler geworben werden muß und ihre Zahl nicht allzu hoch ist. Die «Moderne» interessiert in der bürgerlichen Stadt eben doch nur kleinere Kreise.

Die Ausbildung in Labans Schule ist ganzheitlich elementare Grundausbildung, entsprechend den Prinzipien des Monte Verità, allerdings ohne die handwerkliche Seite der «Formkunst». Um seine Lehre anschaulich zu machen, veranstaltet Laban Vorführabende mit seinen Schülerinnen und Schülern, einen ersten im Januar 1914, über den der expressionistische Schriftsteller und Tanzkritiker Hans Brandenburg[50], ebenfalls ein frührerer Bewunderer und Freund Mary Wigmans, schreibt, die Übungen seien aus «freier Improvisation» hervorgegangen, mit «Geräuschmusik von Gongs, Handtrommeln und Flöten», daneben sei gesprochen und gesungen worden, etwas «was man noch nie erlebt hatte».[51]

Nur wenige Monate nach ihrer Entscheidung, sich ganz dem Tanz zu verschreiben, findet sich Mary Wigman als Solotänzerin auf dem Podium im Museum des Porzia-Palais. Sie soll die Vorstellung einer Schülerin Labans abendfüllend erweitern, will aber ablehnen unter dem Vorwand, sie habe kein Geld für ein Kostüm. Laban drängt sie und verschafft ihr die Möglichkeit, mit einer kleinen Choreographie in einem Varieté das nötige Geld zu verdienen. Auch hier noch zögernd, nimmt sie schließlich an, muß dann noch um ihr Honorar kämpfen, kauft vom erstverdienten Geld Seiden für ihre Kostüme und steht am 11. Februar 1914 mit ihren Tänzen *Hexentanz I* und *Lento* tatsächlich vor einem Publikum. *Als ich das Podium betrat, [...] zitterte ich an allen Gliedern bis zur Gleichgewichtsstörung. Bis das große Wunder geschah – das ich über dreißig Jahre lang immer wieder erlebte –, daß mit dem Ansatz der ersten tänzerischen Gebärde alle Unsicherheit wie durch ein Zauberwort von mir abfiel, daß nur das Tanzenkönnen, das Tanzendürfen Glückseligkeit wurde.*[52] In der Zeitung wird sie lesen: «[...] die Tänze ohne Musik oder mit rhythmischer Begleitung, welche sich der Körperbewegung und ihren Gesten anpaßt, sind nicht aus pantomimischem, sondern aus raumrhythmischem Empfinden entstanden»[53]. An diesem Abend ist sie dem *Lebensraum* der Tänzerin einen ersten

Mary Wigman in «Lento», 1914. «... das im strengen langen Kleid getanzte ‹Lento› war eine künstlerische Leistung, die die Zuschauer zu atemloser Stille zwang und einen tiefen Eindruck hinterließ.» Münchner Augsburger Abendzeitung, 1914

Schritt näher gekommen. Für die nächste Schulveranstaltung am 28. April 1914 (wieder mit Ymelda Juliewna und mit Karl Weysel in «Zweitanz», einem der wenigen Tänze zusammen mit einem männlichen Partner) entwirft sie sieben weitere Tänze und zeigt nochmals ihren *Hexentanz I.* Die Kritiken («schön anzusehen war das meiste» [54]) schneidet sie aus der Zeitung aus und schickt sie der Mutter, die sie mit Stolz herumzeigt.

Was Rudolf von Delius unter dem Titel «Eine neue Tänzerin» in jenem Frühjahr über den neuen Tanz und über Mary Wigman veröffentlicht, entspricht ganz seinem expressionistischen Verständnis der neuen Tanzkunst und deutet bereits das außerordentliche Erlebnis an, das Mary Wigman ihrem Publikum in den kommenden Jahren vermitteln wird: «Der Tanz ist hier ganz selbständig geworden, das reine Kunstwerk der Bewegung des Körpers. Er hat sich losgerissen vom Gängelband der Musik, er begleitet und interpretiert nicht mehr, er strömt ganz aus eigener Quelle. […] Der heiße schaffende Künstlerinstinkt reißt alles mit sich fort. Die germanische, wilde Gefühlseinheit hat hier zum ersten Male ihre Tanzform gefunden. Nichts Geistreiches, Interessantes, Virtuoses, Raffiniertes gibt es mehr. Das Element redet unmittelbar, der Mensch selber, wie er seit Tausenden von Jahren immer wieder nach Körpersprache ringt. […] Das Geheimnis dieser Wirkung ist: tief schlichte Ehrlichkeit. Hier soll nichts vorgestellt und gemimt werden, nichts wird drapiert und in Szene gesetzt. Das Gefühl bricht einfach los und gestaltet sich in der unmittelbarsten und darum besten Form. Geglättet und poliert ist nichts, und darum wird es auch an den Überklugen nicht fehlen, die feststellen, manches in dieser Kunst sei zu häßlich. Nun, vor dieser Art ‹Häßlichkeit› hat sich der germanische Künstler nie gefürchtet, von Shakespeare bis Annette von Droste.» [55]

Allerdings ist das Verständnis für diese Art Tanz noch wenig verbreitet, den Vorwurf der Häßlichkeit wird Mary Wigman noch oft hören müssen, auch anderen Künstlern wird er entgegengehalten. Schönberg beantwortet in seiner «Harmonielehre» einen solchen Vorwurf: «Die Schönheit gibt es erst von dem Moment an, in dem die Unproduktiven sie zu vermissen beginnen. Früher existierte sie nicht, denn der Künstler hat sie nicht nötig. Ihm genügt die Wahrhaftigkeit. Ihm genügt es, das zu sagen, was gesagt werden mußte, nach den Gesetzen seiner Natur.»[56] Ein Gedanke, dem Mary Wigman voll zugestimmt hätte.

Nach dem Saisonabschluß der Schule im Frühsommer 1914 zieht der ganze Laban-Clan wieder auf den Monte Verità zu neuem Lernen und zum Genießen künstlerischer Freiheit und Sicherheit. Pläne für ein neues Tanzzentrum in Baden-Baden werden ausgearbeitet[57], ein Tanzdrama von Hans Brandenburg soll mit Tanz, Ton und Wort aufgeführt werden.[58] Doch als Anfang August der Krieg ausbricht, verfliegen alle Pläne; die Künstlerkolonie auf dem Monte Verità verwaist. Da man sich im kriegsbegeisterten Deutschland kaum Chancen für künstlerische Entwicklungen ausrechnet, muß ein neuer Ort für die Schule gefunden werden. Die Entscheidung fällt auf Zürich, wo schon einige Freunde sind. Laban zieht mit Suzanne Perrottet (seit 1912 seine Lebensgefährtin), mit seiner Frau Maja Lederer und den Kindern nach Hombrechtikon bei Zürich. Mary Wigman wird, so sie sich keine Pension leisten kann, in der Schule wohnen, die im Uraniahaus und später in der Seegartenstraße 2 ihren Ort gefunden hat. Wieder ist es eine «Schule für Bewegungskunst». «Gruppenausbildung in Tanz – Ton – Wort. Tägliche Unterrichtsstunden. Übungsgelegenheit. Einzelne Fächer können belegt werden. Solounterricht auf Wunsch», so heißt es in der Ankündigung.[59] Der Unterricht wird häufig von Mary Wigman geleitet, unterstützt von Käthe Wulff, die schon auf dem Monte Verità zum engen Kreis gehörte. Suzanne Perrottet ist als ausgebildete Musikerin auch für die musikalische Seite verantwortlich, sie begleitet viele Aufführungen auf dem Klavier oder der Geige. Laban selbst ist meist auswärts, hält Vorträge und versucht, einen weiteren Schülerkreis, vor allem aber einen illustren und finanzstarken Fördererkreis aufzubauen. Außerdem wird er Mitglied der «Johannisloge der alten Freimaurer vom Schottischen und Memphis und Misraim Ritus im Tale von Zürich», des «Ordo Templi Orientalis», dessen Ziel umfassende Verbrüderung und geistige Lebensauffassung sind. In dieser Loge treffen sich auch Anhänger des Monte Verità, Laban aber verläßt sie nach Zerwürfnissen 1917. Außerdem sucht er den «Orchestrischen Bund» zu etablieren und die Ideale einer «Festkunst» in ideellen und rituellen Festlichkeiten zu verwirklichen.

Alle Wege, Schüler zu finden und zu Geldmitteln zu kommen, werden mühsam erkundet, Unterricht auch in «hygienischer Gymnastik» und «harmonischer Erziehung» angeboten, dazu kommen Abendvorlesungen zu historischen, ethnographischen, religiösen oder profanen Themen der Bühnenkunst und Festkultur mit Demonstrationsvorführungen[60]. Schon bald gehört die Schule mit all ihren Aktivitäten zur künstlerischen Szene Zürichs. Vor allem zu den Dadaisten um Hugo Ball (1886–1927) entsteht ein enger Kontakt, wahrscheinlich durch die Malerin Sophie Taeuber (1889–1943), die auf dem Monte Verità zu den Tanzschülerinnen gehört und mit dem Maler Hans Arp (1886–1966) zusammenlebt. Mit beiden verbindet Mary Wigman eine lange Freundschaft.

Rudolf von Laban ist begeistert von den Dadaisten, sie suchen Neuerungen wie er selbst. Man besucht jeweils die Aufführungen der anderen, im Dada-Café «des Banques» im Buchladen in der Bahnhofstraße, im «Cabaret Voltaire» in der Spiegelgasse 1 oder nach dessen Schließung in der «Galerie Dada» in den Tiefenhöfen. Es gibt auch gemeinsame Auftritte und Feste. Die Dada-Abende sind meist große Erfolge, oft von «Prominenz» besucht, nicht zuletzt auch von neugierigen Zürchern. (Ob Lenin, der damals schräg gegenüber vom «Cabaret Voltaire» in der Spiegelgasse 12 wohnte, je dort gewesen, ist nicht bekannt.)

Die Kunstauffassung der Dadaisten sucht den totalen Widerspruch zu jeder Ordnung in einer «Ordnung des Zufalls», sie fordert in der Kunst die absolute Freiheit und Regellosigkeit. Zufall und Zerstückelung, Montagen und Collagen sind Prinzipien der Ästhetik ihrer Wirklichkeitsdarstellung. Einige der Laban-Schülerinnen stehen den Ideen der Dadaisten recht nah, doch Mary Wigman hat zur Dada-Ästhetik wenig Zugang. Sie sucht eine neue Wirklichkeit, deren Mitte sie in sich selbst fühlt als unteilbaren Ausdruck ihres Wesens, das einzig Tanz bedeutet. *Ich bin die Seele des Tanzes*[61], heißt es in einer frühen Tagebucheintragung in Zürich, da ist kein Platz für «barbarische» Zerstückelung von Wirklichkeit und Montage ihrer Fragmente.

Für Mary Wigman sind diese Jahre eine Zeit persönlicher Entwicklung und zukunftsträchtiger Ausprägung ihrer Gedanken und ihrer künstlerischen Anschauungen. Die Tagebuchaufzeichnungen spiegeln das weite Spektrum ihrer Innenwelt. Sie schreibt Tanzvisionen nieder, emotionale, lyrisch-expressive Bilder dessen, was sie später, teilweise jedenfalls, zu Tänzen ausarbeiten wird. Sie schreibt Märchen und Prosaskizzen zu Elementen des Tanzes, wie zum Beispiel *Die Füße, Das Drehen, Der Sprung, Der Kreis, Der Raum*[62], aber auch Gedichte, Erlebnisberichte, Überlegungen, Bekenntnisse. Vieles ist in Empfindung und Schreibstil ganz zeitgebunden, doch in allem werden ihre Erlebnisfähigkeit und die Intensität ihrer Vorstellungswelt deutlich. Manches weist auch auf ihre Lektüre in jenen Jahren hin. Die fernöstliche Philosophie und Lebensweisheit üben (nicht nur auf sie) große Anziehungskraft aus, und natürlich liest und zitiert sie Nietzsche, dessen Schriften in jenen Jahren wie eine Offenbarung wirken, vor allem die Herausforderung durch sein Menschenbild und das Dionysische seiner Kunst- und Lebensauffassung. Ergriffen liest sie «Zarathustra», *Also sprach Zarathustra* nennt sie einen ihrer Tänze 1916 und rezitiert dazu Texte. Gleichzeitig scheut sie sich auch nicht vor einer Kritik an Nietzsche, nennt ihn einen *zweidimensionalen Tänzer, [...] dieser Vortänzer des Übermenschen jammert noch zu viel und tanzt noch lange nicht genug*[63]. Auch mit esoterischen Schriften und Praktiken wird sie vertraut, alles eröffnet ihr neue Räume, vielleicht in der Weise, wie es der Maler Max Weber ausdrückt: «Ich glaube, daß es in der bildenden Kunst eine vierte Dimension gibt, und daß man sie beschreiben kann als das Bewußtsein eines grandiosen und überwältigenden Gefühls räumlicher Größe in alle Richtungen zugleich, [...] sie weckt Phantasie und löst Gefühle aus, sie ist die Unermesslichkeit aller Dinge.»[64] Mary Wigman selbst nennt einmal im Tagebuch jener Zeit die Tanzerfahrung *die Kommunion mit dem Raum* [65].

Privat bedeuten jene Jahre das Ringen um ihr Leben als Künstlerin und / oder als Frau und Mutter. Rudolf von Laban lebt mit zwei Frauen, Maja Lederer und Suzanne Perrottet, zusammen. Es sind zärtliche Briefe von ihm an «Suzy» überliefert; noch 1917, dem Jahr der Krise und einer absehbaren Trennung schreibt er: «Meine Seele neigt sich zu dir, das ständige Projekt meines Seins!» [66], und eine innere Bindung bleibt ein Leben lang bestehen. Doch Mary Wigman möchte das anders sehen, sie empfindet diese Frau als *ein Geschöpf ohne eigene Lebenskraft*, das *von Laban zehrt, ohne ihm etwas zurückzugeben.* Sie schreibt, und dies scheint sich deutlich auf Laban zu beziehen: *Mein Glaube an dich ist meine Liebe zu dir und meine Liebe ist mein Glaube. Es ist mir gleich, ob du erreichst, was du willst, und wenn du alles, was du den Menschen neues zu sagen und zu bringen hast, nicht sagst und nicht bringst, so tut es meinem Glauben und meiner Liebe nichts. Wenn du schwach bist oder krank, oder zärtlich zu anderen Frauen, mein Glaube bleibt stark und meine Liebe wächst.* [67] Sie sehnt sich nach Laban als Mann, Künstler und Mensch, sie arbeitet ja fast ununterbrochen mit ihm zusammen, er geht oft tagelang nicht nach Hombrechtikon zurück. Doch der Versuch eines größeren Gemeinschaftslebens und einer *Gemeinschaftsseele* mißlingt, dennoch sieht sie sich selbst als eine von drei Frauen um Laban. Im gleichen Tagebuch heißt es auch: *Meines Kindes ungeborene Seele tanzt in mir […] wenn ich zur Mutter werden soll […] hilf daß ich am Muttersein nicht ersticke.* Und noch mal knapp

Suzanne Perrottet mit ihrem Sohn Allar, 1918/19.
Foto: Walter Schwabe

zwanzig Seiten weiter heißt es: *Fühlte ich nicht meines Kindes Nähe?, seiner suchenden Seele Tanz? Ist es nicht mein Kind, das du trägst? Fehlt es mir dazu, nur Gefäß zu sein? Und wandte meines Kindes Seele sich traurig ab von mir, dir zu?* Labans und Suzanne Perrottets Sohn Allar kommt im Januar 1916 zur Welt. Nun hat sie begriffen, daß sie mit Laban nur *Freund und Kamerad sein kann und das Weib im Zaum halten muß, damit über alles die Freundschaft und die Arbeit triumphiert* [68]. Und das hat sie – wie schon zitiert: *trotz mancher Anfechtung* – auch wirklich gelebt. Die Selbstzweifel aber bleiben bestehen, immer wieder hält sie Zwiesprache mit sich selbst, *mein ganzes Leben schrie mich an, forderte noch einmal sein kleines Recht. […] Gibt es noch ein Zurück, zu Menschlichkeit, zu Frauendasein? Und dann, um welchen Preis? Die Sehnsucht bliebe ewig ungestillt, so wie die andere Sehnsucht ewig in mir leuchtet. So bleibt mir nur der Weg zu Einsamkeit und Tanz – dort friert mich manchmal in des Kreises Mitte.*[69] Doch sie hat die Kraft, ihren Weg wahrhaft zu wollen und auch durchstehen zu wollen und dabei ihre Zweifel zu akzeptieren, *immer weiter – gut so, hindurch!* [70]

Mary Wigman sucht nach Auftrittsmöglichkeiten; zusammen mit der Laban-Schülerin Claire Walther gibt sie je einen Abend in Bern und Winterthur unter dem Titel *Der Mensch in Rhythmus und Raum.* Im Februar 1916 tritt sie in Zürich im Dada-Café «des Banques» an die Öffentlichkeit mit Tänzen, die ganz ihrem zu dieser Zeit aufgewühlten Wesen entsprechen, unter anderem mit den Zarathustra-Tänzen *Tanzlied* und *Satans Vergnügen*, dazu rezitiert sie einige Zarathustra-Passagen. Die Kritiker bleiben noch verhalten. Dann endlich der erste Solo-Abend auf einer Theater-Bühne! Am 18. Juni 1917 tritt sie im Züricher Stadttheater auf, dem Pfauentheater, mit Tänzen, die vor allem

PFAUEN-THEATER
Schauspielbühne des Stadt-Theaters

Montag, den 18. Juni 1917, abends 8 Uhr:

Tanz-Abend
von
MARY WIEGMANN

Programm:

1. *Präludium VIII* . . . . . Bach
2. *Arie* . . . . . Bach

Gespenstertänze

3. *Mexikanisches Zauberlied*
4. *Satans Vergnügen* . . . . . Rebikow
5. *Totentanz* . . . . . Saint-Saëns

Träume

6. *Die Stille*
7. *Dunkle Rhythmen* . . . . . Laban
8. *Aegyptisches Lied*

9. *Teufelswalzer* . . . . . Liszt

Nach den Gespenstertänzen findet eine Pause statt.
Der Feurich-Konzertflügel ist von der Firma P. Jecklin Söhne zur Verfügung gestellt.

Erhöhte Preise. – Serienabonnemente ungültig.
Kassenöffnung 7 Uhr. Anfang 8 Uhr. Ende 10 Uhr.

«Tempeltanz», 1917 («Ekstatische Tänze»)

die dunkle Seite des Lebens betonen, *Gespenstertänze*, *Satans Vergnügen*, *Mexikanisches Zauberlied*, und eine Interpretation von Camille Saint-Saëns *Totentanz I*; außerdem «zu musikalischen Markierungen Labans» drei *Träume*, und im feurigroten Gewand den *Teufelswalzer* von Franz Liszt. Am Klavier begleitet sie Suzanne Perrottet. Ein schwieriges Programm für ein etabliertes bürgerliches Theater – die Kritik in der «Neuen Zürcher Zeitung» weist dementsprechend wieder auf die «hervorragende, durch körperliche Schulung unterstützte und von starker Phantasie geleitete Ausdruckskraft» hin, bemängelt aber das «Dunkele, Abgründige, Spukhaft-Unheimliche» und vermißt das «Sonnige, Beglückende, Schönheitsfreudige» des Tanzes[71] – eine Beurteilung, wie sie Mary Wigman noch eine Weile begleiten wird.

Beim nächsten Solotanzabend – in der Laban-Schule am 10. November 1917 – zeigt sie wieder geheimnisvoll-symbolische Tänze, zusammengefaßt unter dem Begriff *Ekstatische Tänze*, sie werden als *Erster Abend ritueller Vortragskunst* angekündigt. Sie erntet nur vereinzelt begeisterten Applaus, um so mehr Hohn und Pfiffe, das gleiche Anfang 1918 wieder im Pfauentheater und ein weiteres Mal in St. Gallen.

Die ausschließlich ich-bezogene, anarchistische und mystifizierende Subjektivität jener Zeit wirkt nachhaltig in Mary Wigmans Tänzen. Außerdem hat Laban «sie dazu gebracht, ihre Probleme, ihre Lebenserfahrungen und ihre Gedanken darzustellen und keine Geschichten, das sei ihre Stärke»[72]. So entstehen ihre Tänze als Manifestation des eigenen Ich, *wo nur noch das Erlebnis Gesetz ist, dort beginnt der Tanz*[73], oft ohne Musik, teilweise mit Rezitation, was Kritiker und Publikum mit völlig ungewohnten Theatererlebnissen konfrontiert. Doch

«Opfer», 1917 («Ekstatische Tänze»)

mit diesen Tänzen beginnt eigentlich Mary Wigmans Stil, der sich zwar weiterentwickeln und klären und zu ganz neuen, auch lichten und diesseitigen Formen kommen wird, der aber in Inhalt und Ausdruck ein Grundelement der expressionistischen Zeit aufscheinen läßt: den Verlust einer tatsächlich erfahrenen Mystik und erlebbaren Transzendenz und daraus die Suche nach einer höheren Realität hinter der Alltagswelt. Damit geht Mary Wigman einen anderen Weg als der Dadaismus, dessen Fragmentierung der Alltagswelt sie nicht mitmachen kann, hin zum Magischen des Überindividuellen und Unsichtbaren in den künstlerischen und begrifflichen Abstraktionen ihrer Tänze.

Im Frühsommer 1917 zieht die Laban-Schule wieder auf den Monte Verità, wo im August der internationale Kongreß der okkulten Vereinigungen unter der Ägide des O.T.O stattfindet. Laban inszeniert die gesamte Festlichkeit mit Hymnus, Weihespiel, Tanzritus und Fackelreigen, ein Sonnenkult vom Abend durch die Nacht bis zum Anbruch des Lichts – ein sehr zeittypisches, doch beängstigend vorausweisendes Ereignis. Mary Wigman hält einen Vortrag mit anschaulichen Beispielen zum Thema «Ausdruckskultur in Erziehung, Leben und Kunst».

Das Jahr 1918 bringt gleich zu Beginn eine Reihe von dramatischen Änderungen und Krisen, die Mary Wigman an den Rand der Verzweiflung treiben. Laban ist schwer erkrankt, er fühlt sich dem Schulalltag nicht mehr gewachsen und verkauft die Schule an Suzanne Perrottet. Sie soll die Eurhythmie im Seegarten weiterführen, «das Künstlerische [soll] dem Ensemble Wiegmann einverleibt» werden. Er schreibt ihr: «Wenn du ein Zimmer im ersten Stock willst, muß man jemandem nach deiner Wahl kündigen. Ich schlage Ruckteschell vor.»[74]

Von Mary Wigman wissen wir, daß sie in jenen Monaten aus den Räumen der Laban-Schule auszieht in eine andere Unterkunft, Rousseaustraße 59, groß und licht, aber feucht und kaum zu beheizen[75], in der sie auch Schüler unterrichtet. Ein Zusammenhang mit den genannten Ereignissen läßt sich vermuten. Feststeht, daß sie in jener Zeit in einem Sanatorium am Walensee Erholung sucht, es wird eine Tuberkulose bei ihr diagnostiziert. Das Ziel einer Künstlerkarriere scheint unerreichbar, die Verzweiflung nimmt zu, eine Welt droht einzustürzen. Doch ihr Wille zu kämpfen ist noch nicht gebrochen; in den Luftkurorten Silvaplana, Klosters (Laban ist auch hier) und Davos überwindet sie die Krankheit und beginnt wieder zu arbeiten. Vielleicht trägt zur Genesung auch der Anfang (oder das Ende) einer Beziehung zu einem Mann bei, dessen Namen sie in jener Zeit mehrfach erwähnt und von dem sie später, als sie ihn sterbenskrank 1923 ein letztes Mal besucht, schreibt, daß sie ihn *einst liebte* und bei ihm *so tief von ruhendem Glück erfüllt*[76] gewesen sei.

In der Abgeschiedenheit der Bergwelt entstehen neue Tänze und die ersten Skizzen zu ihrem 1921 uraufgeführten Tanzzyklus *Die sieben Tänze des Lebens*[77]. Hierin wird deutlich, wie stark sie aus ihrem Erleben heraus arbeitet. Sie entwirft die Einzeltänze *Tanz der Sehnsucht, Tanz der Liebe, Tanz der Lust, Tanz des Leides* als absteigende Linie, um mit dem *Tanz des Dämon* die Wende einzuleiten und über den *Tanz des Todes* zum neuerwachenden *Tanz des Lebens* zu finden. Aus ihren eigenen inneren Kämpfen heraus formt sie im *Tanz des Dämon*, der wichtigsten Tanzsequenz, den Übergang zu neuem Leben. Sie zeigt damit, wie der schöpferische Prozeß in Selbstüberwindung, Mühsal, Opferbereitschaft und Hingabe an das Werk zu neuem Gestalten führt. Diesen Schöpfungs-*Dämon* interpretiert sie als *verhaltenen Tanz, ein böser Traum ist dieser Tanz, voll zuckender Lust und verzerrter Schönheit*, das Schöpferische im Menschen als doppeldeutige, verzehrende und doch von Schönheit zeugende Macht. Das allem Geschehen immanente Lebensgesetz vom Werden, Vergehen und Neuwerden kann sie erkennen und annehmen, seine Gewißheit wird sie ein Leben lang begleiten und tragen.

Am 7. Mai 1918 war der Stiefvater Dietrich Wiegmann gestorben, der Verlust dieser Vaterfigur und die Erinnerung an den Tod ihres in der Erinnerung so verklärten Vaters überschatten noch heftig jene Monate der Krise und Verzweiflung. Auch die

Nachricht, daß Bruder Heinrich als Invalide aus dem Krieg zurückkehrt, ist eine schwere Belastung. Um so mehr bedeutet ihr das Erarbeiten neuer Tänze Lebenshilfe.

Ihre Arbeitsbedingungen in den Orten, in denen sie zur Erholung weilt, sind wenig ermutigend, meist ungeheizte Wirtshaussäle, sie übt *in Wollhandschuhen, gefütterten Stiefeln und Mütze*[78], die Freundin, Schülerin und Assistentin Berthe Trümpy arbeitet teilweise mit ihr zusammen. Dabei schreitet die Genesung fort, mit neuen Kräften plant Mary Wigman eine Tournee durch einige Schweizer Orte. Schon bei der ersten Vorstellung am 20. Februar 1919 in Davos erlebt sie bei dem sportlich-mondänen oder Genesung suchenden Publikum (sie erwähnt, daß Karl Ernst Osthaus sie begeistert gesehen habe[79]) erstmals einen uneingeschränkten Erfolg, den sie kaum zu erwarten gewagt hat. Weitere Aufführungen, zuletzt in Zürich, bringen den ersehnten Durchbruch, das Publikum ist gewonnen. Sogar in einem Werbefilm vor der Bergkulisse Arosas wirkt sie mit – weniger in ernster als vergnüglicher und finanzieller Absicht.[80]

Die Arbeit in der Züricher Schule und auf dem Monte Verità will Mary Wigman nach dem Weggang Labans nicht mehr übernehmen, sie widmet sich ganz ihrem großen Projekt: der Erarbeitung neuer Choreographien für ihre erste Tournee in Deutschland. Sie sucht die Herausforderung und fühlt sich reif dafür.

Im September 1919 ist es soweit. Mit der finanziellen Unterstützung der inzwischen überzeugten Mutter beauftragt sie eine Agentur, ihre Tournee vorzubereiten. Sie ist sich der schwierigen Nachkriegssituation in Deutschland nicht bewußt, vertraut auf einen Neuanfang. Mit dem in der Schweiz gezeigten Programm beginnt sie hoffnungsvoll in München ihre Tournee – es wird eine Niederlage. Die zweite Station, Berlin, *eine Katastrophe!* Der Saal fast leer, der Pianist betrunken, sie tanzt *gequält und verbissen, ich wäre vor Scham am liebsten in den Erdboden versunken*[81]. Doch zwei junge Herren kommen begeistert in die Garderobe, es sind Will Grohmann und Lazar

Segall[82], die schon bald zum treuen Freundeskreis um Mary Wigman gehören werden, und überreden sie zu einer Vorstellung in Dresden mit einem garantiert begeisterten Publikum. Verzagt und mit wenig Vertrauen willigt sie ein. Die nächste Station, Hannover, wird eher ein *Familientag* als eine künstlerische Veranstaltung, danach Bremen, wieder *Grabeskälte*, die Stimmung wird immer lähmender, nun soll der nächste Auftritt der *letzte Prüfstein* werden.

Dieser Prüfstein ist Hamburg. Die Stadt im Norden verspricht ebenfalls Kühle und Ablehnung, doch es kommt anders. Der Abend wäre noch fast gescheitert, denn Assistentin Berthe Trümpy verliert das Notenmaterial, es muß in der Nacht rekonstruiert werden, nochmals muß geprobt werden, das nervöse Warten in der Garderobe zieht sich endlos hin. Als endlich der Vorhang sich öffnet, spürt sie vom Publikum her die gespannte Aufmerksamkeit[83] und dann – *ein bedingungsloses Ja-sagen. Alles fiel von mir ab, was übersteigerter Ehrgeiz und ein fanatischer Wille zur Selbstbehauptung wie einen Panzer um mich gelegt hatte. Ich glaube, in diesem Augenblick wurde die Tänzerin M. W. erst wirklich geboren. Denn jetzt KONNTE ich tanzen, frei, sicher, gelöst und selbstvergessen.*[84]

Mary Wigman hat die langen Jahre der geistigen und körperlichen Arbeit an sich selbst schließlich doch über alle Zweifel, Entbehrungen und Niederlagen hinweg zum Erfolg und zu einem ersten großen Höhepunkt geführt. Sie erlebt den Tanz als ihre persönliche Erfüllung, aber auch als Aufgabe und als Erneuerung nicht nur der Kunst, sondern des Menschen. *Ich hatte mich in den Dienst dieses Tanzes gestellt, ich hatte mich unter Beweis zu stellen, ich hatte die Menschen von der inneren Notwendigkeit und der äußeren Berechtigung meiner Aufgabe zu überzeugen.*[85] Und dies gelingt ihr in Hamburg ohne jede Einschränkung.

«Ohne Ekstase kein Tanz! – Ohne Form kein Tanz!» (1919–1933)

Der Weg: Fakten und Entwicklungen

«Nur das eine fühlten wir: hier waren wir den tiefsten Bezirken nahe, wo leibliches, körperliches Sein, irdische Gestalt grenzt an die kosmische Welt, an die geistige Existenz. Urgefühle wurden fühlbar in der magischen Gebärde dieses bewegten Leibes. Unaufhörlich rief dieser Tanz uns an: Mensch! Mensch! – Das ist es, warum wir den Tanz der Mary Wigman zu den neuen Offenbarungen der Kunst stellen müssen. [...] Im Werden dieser tänzerischen Gebärde liegt das Geheimnis dieses Tanzes. Im ungehemmten Fluß der Drehung, des Schrittes, der ausschwingenden Hand. Das Leben dieser Hände und Ar-

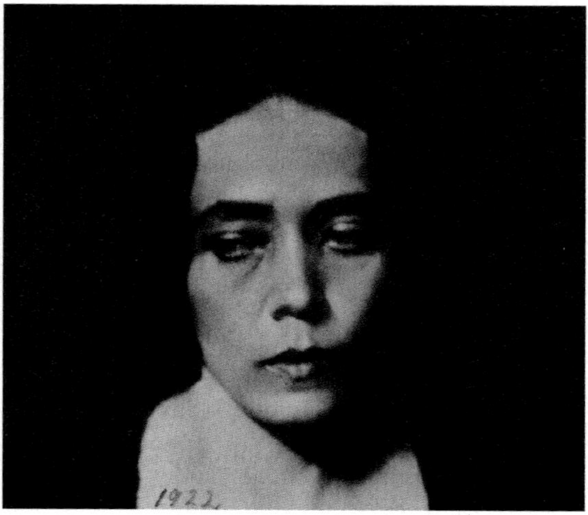

Mary Wigman, 1922. Foto von Eduard Wasow, München

me ist unvergleichlich, noch niemals sahen wir eine ähnliche Kraft, einen ähnlichen Reichtum. Die Steigerung des körperlichen Ausdrucks ist bis über alles Maß unserer Erfahrung hinausgeführt. […] Wir rechnen von Mary Wigman an eine neue Epoche in der Kunst des Tanzes», so schreiben die «Dresdner Neuesten Nachrichten» nach den ersten Aufführungen.[86]

Am 7. November 1919, sechs Tage vor ihrem dreiunddreißigsten Geburtstag, steht Mary Wigman erstmals in Dresden vor Publikum, sie erlebt einen beispiellosen Erfolg. Dieser ersten Aufführung folgen Bewunderung und Verehrung, ja hymnische Begeisterung; ihr künstlerischer Aufstieg, ihre dynamische Wirkung, das Erlebnis ihrer Kraft und Ausstrahlung wird zu einer Art Selbsterfahrung für das Publikum, das an Ursprüngliches und damit Ureigenes rührt. «Sie verwirklicht eine Idee, eine Aufgabe. Tanz ist ihr religiöse Kunst»[87], heißt es; weitere Rezensionen sprechen vom tiefsten Erlebnis, ja von Offenbarung. Was Mary Wigman selbst in den folgenden Jahren in ihren Tanzschöpfungen erlebt, wie das Tanzen ihr innerstes Wesen durchdringt und daraus hervorwächst, das erleben ähnlich auch die Zuschauer. Diese erfüllten Augenblicke spielen sich in einem interaktiven Erlebnisfeld ab, an dem Künstler und Zuschauer gleichermaßen beteiligt sind. Oskar Kokoschka nennt Expressionismus die «Gestaltung des Erlebnisses», und es ist insgesamt eine expressionistische Zeit, hingebungsbereit und erlebnishungrig, selbst die Kritiken sind expressionistisch in ihrer emphatischen Diktion. Und in Dresden ist die künstlerische Szene sicherlich noch weniger berauscht als im Berlin der heißen und «goldenen» zwanziger Jahre, wo sich auch auf dem Tanzpodium «Exzesse» und «Happenings»[88] ereignen.

Die Jahre des Ersten Weltkriegs und dann der Weimarer Republik nach dem Schock dieses Kriegs, der in Tod und Zerstörung und im Verlust aller Werte geendet hat, diese Jahre sind in Deutschland wie eine offene Wunde. Alle Kräfte, im Positiven wie im Negativen, greifen hier an und ein, sie nehmen dabei in vieler Hinsicht überzogene Dimensionen an. Im politischen Leben ist mit dem Ende der Monarchie eine Verunsicherung entstanden, die die sich formierende Demokratie noch nicht aufzufangen vermag, sie bildet noch keine bindende Mitte. Dies bedingt unter anderem die starke Anziehungskraft der radikal linken und rechten Parteien, nicht zuletzt auf Intellektuelle und Künstler. Die rechten Gruppierungen erhalten auch vom bürgerlichen Lager und von Wirtschaftskreisen Unterstützung, oft in vermeintlicher Abwehr gegen links.

Im geistig-kulturellen Aufbruch werden alle Traditionen und alles Konservative abgelehnt, was zählt ist einzig «Modern-Sein», Veränderung, Befreiung, Umsturz. Selten hat wohl in Deutschland eine solche Besessenheit für alle künstlerischen und kulturellen Belange existiert, selten hat es soviel öffentliches Interesse und öffentliche Auseinandersetzung über Künstler und Werke gegeben, selten soviel Enthusiasmus sowohl bei den Künstlern wie beim Publikum. Noch war die Hoffnung auf eine freie und humanistische Geisteskultur lebendig. Die Gesamtheit der künstlerischen Produktionen, die die Zeit und ihre suchenden, dauernd sich wandelnden Richtungs- und Zielvorstellungen spiegelt, läßt auch die Kunst der Mary Wigman und ihre extreme Wirkung eingebettet erscheinen in den Kosmos jener schöpferischen Jahre.

Nach dem beglückenden Erfolg in Dresden steht Mary Wigman in Zürich wieder vor großen Finanznöten, erhält zudem von der Schweizer Ausländerbehörde kein Dauervisum und entscheidet sich schließlich zur Rückkehr nach Deutschland, am liebsten nach Hamburg oder Dresden, die einzigen Orte, an denen ihre Kunst verstanden zu werden scheint.

Bei ihrem zweiten Gastspiel in Dresden bringt die politische Situation die Entscheidung. Der Kapp-Putsch im März 1920, revolutionäre Aktionen in Berlin und anderen Städten, schließlich der Generalstreik Anfang April schränken die Bewegungsfreiheit ein, Mary Wigman kann nicht aus Dresden abreisen. *Wir saßen in Dresden fest, drei Wochen lang. Es wurden dreiundzwanzig Jahre daraus.*[89] Während des erzwungenen Aufenthalts gibt sie gleich mehrere, ebenfalls erfolgreiche Tanzvorstellungen. Sofort finden sich auch junge Tänzerinnen ein, die bei ihr weiterlernen wollen, als eine der ersten Gret

Palucca, eine ihrer Meisterschülerinnen. Das Palast-Hotel Weber, in dem Mary Wigman mit Assistentin Berthe Trümpy logiert, öffnet großzügig einen der Gesellschaftsräume für den Unterricht.

In diesen wenigen Wochen gewinnt Mary Wigman bereits einen solchen Ruf als Tänzerin und Persönlichkeit, daß ihr der Chef der Dresdner Staatsoper, Karl Scheidemantel, einen Vertrag für die neu zu besetzende Ballettmeisterstelle anbietet. Noch vor der Vertragsunterzeichnung steht sie am 16. Mai 1920 in einer Solovorstellung mit Orchester erstmals auf der Bühne der Semper-Oper. Wieder wird es ein rauschender Erfolg.

Gret Palucca (1902–1993) macht sich 1925 selbständig, Solotanzabende bis 1950, Beziehungen zum Bauhaus, eigene Schule in Dresden, 1939–45 geschlossen. Ab 1950 offizielles Tanzausbildungsinstitut der DDR, Suche nach Wechselwirkung zwischen Ballett und Ausdruckstanz.

Hier spätestens wird deutlich, mit welchem Recht immer wieder behauptet wird, Mary Wigman sei vom ersten Augenblick an «als vollendete Meisterin» aufgetreten und stelle bereits zu Anfang ihres Auftretens «den Höhepunkt des modernen Kunsttanzes» dar, sie habe «dem Tanz mit einem Schlage seine souveräne Stellung erobert».[90] Mary Wigman hat in zehn Jahren ungeheurer körperlicher und geistiger Anstrengung, begründet und gebündelt in ihrer vitalen Intuition, Phantasie und Gestaltungskraft, ein Können und eine Reife entwickelt, dem sich nun niemand mehr zu entziehen vermag. Mehr noch, Mary Wigman ist eine Frau mit Charisma. Der Hamburger Kritiker Hans W. Fischer schreibt: «Sie bekommen eine Ahnung davon, was es bedeutet, wenn eine geniale Natur diesen ganzen Weg aus eigener Kraft zwang. Es gibt keine Tänzerin, bei der die ganze Atmosphäre so geladen wäre; der Saal, immer wieder bis auf den letzten Platz gefüllt, steht in gemeinsamer Schwingung. Dieser Rausch ist dunkler und schwerer als die leichte Verzückung höchster Ballettleistung; er wühlt auf; auch die Musik, die Trommel und der Gongschlag, die Stille sogar, haben etwas Orgiastisches, versetzen uns in den seelischen Urzustand, aus dem der Tanz ward.»[91]

Während Mary Wigman sich im Frühsommer 1920 mit

einigen der neuen Tanzschülerinnen nach Brokdorf zurückzieht, um sich auf die neue Aufgabe in der Semper-Oper vorzubereiten – es soll eine «Orpheus»-Inszenierung werden, außerdem schreibt sie einen großen Aufsatz über Laban –, sucht Berthe Trümpy eine passende Bleibe in Dresden und erwirbt kurz entschlossen das Haus in der Schillerstraße 17 (ab Mitte der zwanziger Jahre: Bautzener Straße 107) und trägt, da sie Schweizerin ist, Mary Wigman als Eigentümerin bei den Behörden ein.[92] Damit ist der Weg endgültig entschieden, auch wenn Mary Wigmans Opernvertrag nicht zustande kommt, da die Stelle in der Zwischenzeit an eine andere, «beziehungsreiche» Tänzerin vergeben worden ist. *Über Nacht und ohne mein Zutun hatte ich eine Schule, die vom ersten Tag ihrer Existenz die Bezeichnung ‹Wigman-Schule Dresden› trug.*[93] Und so beginnt in Dresden nicht nur ihre große Karriere als Solotänzerin, sondern sie wird gleichzeitig eine gefragte Lehrerin, in deren Schule schon bald internationales Treiben herrschen wird und aus der große Tänzerinnen und Tänzer und Choreographinnen hervorgehen werden. An ihre pädagogische Aufgabe geht sie unbekümmert heran, sie hat das ganze Rüstzeug ihrer eigenen Körperarbeit, bis *der Körper vom Leib zum Instrument*[94] sich gewandelt hat, sie spürt mit jeder Faser ihres Körpers, was es zu lehren gilt und vor allem, was jede einzelne Schülerin braucht.

Das neue Haus in der Schillerstraße muß eingerichtet werden, der *knallrote Übungssaal*, später auch der *gelbe Saal*, ebenso ihr Schlaf-Wohnzimmer-Salon *schwarz mit gold!*, werden zur Legende: Hier empfängt Mary Wigman oft bis spät in die Nacht Freunde und Gesprächspartner, inspiriert von unablässigem Klavierspiel und Trainingsgepolter. Er bleibt lange Zeit ihr einziger privater Ort, da unentwegt neuer Raum für die wachsende Schülerzahl gebraucht wird. Die Waschküche im Hof wird Übungsraum, der Platz unter der Treppe Garderobe, aus der halben Küche wird das Büro, auch im kleinen Garten wird bei schönem Wetter getanzt.

Nach dem anfangs noch recht improvisierten Unterricht muß schon bald mit Hilfe eines ausgefeilten Stundenplans die Menge der neu dazukommenden Tanzbegeisterten, entsprechend ihren Begabungen, in Klassen, Räumen und Zeiten untergebracht werden. (Ab Mitte der zwanziger Jahre unterrichtet die Schule bis zu 360 «Wigmädchen».) Die Abendstunden braucht Mary Wigman für sich selbst, um ihre Tänze zu erarbeiten. Auch Tänzer kommen ab 1921 hinzu, Harald Kreutzberg und später Max Terpis. In öffentlichen Aufführungen wird die Arbeit der Schule vorgestellt, die erste Aufführung findet am 4. Juli 1922 statt. Hanya Holm gehört inzwischen dazu, ihr überträgt Mary Wigman die Verantwortung für die Probenarbeit während ihrer Tourneen. Ab 1923 kommt in den Sommermonaten noch der international besuchte Sommerkurs dazu, ab 1925 finden zu dieser Zeit die jährlichen Diplom-Abschlußprüfungen der Schülerinnen statt. Bald gibt es mehrere Zweigschulen, die zwar selbständig arbeiten, denen aber die «Meisterin» mit Rat und Tat und (möglichst oft) auch persönlich zur Seite steht. Das Unternehmen «Wigman-Schule» wächst unaufhörlich, und manche Schülerin, die die notwendigen finanziellen Mittel nicht aufbringen kann, hilft im großen Haushalt oder beim Nähen und Ausbessern der Tanzkostüme. Über viele Jahre hinweg ist die Schule eine eingeschworene Gemeinschaft, verbunden in der *gleichen Sehnsucht, dem gleichen Ringen* und mit einem meist sehr persönlichen Verhältnis zu Mary Wigman, die für alle künstlerischen Fragen wie für die Lebens- und Liebeskümmernisse ihrer

Das Haus in der Schillerstraße 17 in Dresden, später Bautzener Straße 107. Foto von Käthe Riedel

Der gelbe Saal mit Klavier und Rhythmusinstrumenten im 1927 um- und angebauten Haus Bautzener Straße 107. Foto von Charlotte Rudolph, Dresden

Mädchen ein offenes Ohr hat. Aber zweifellos ist es keine feministische Kooperative von Gleichen unter Gleichen, wie schon vermutet wurde. Mary Wigman bleibt immer die «Meisterin», die Autorität, die Führende, sie ist ja auch um fast eine Generation älter als ihre Schülerinnen, *die jungen Dinger.*

Elisabeth Wigman, um 1924

Zur Bewältigung des Alltags kommt 1920/21 Mary Wigmans unverheiratete Schwester Elisabeth[95] nach Dresden, eine «geborene Pädagogin»[96], die jedoch nach ihrer Tanz- und Pädagogikprüfung, statt den Haushalt zu führen, die Laien- und Kindergruppen, später auch Tänzer-Klassen unterrichtet und stellvertretende Direktorin der Schule wird. Viel später, 1935, nach einer schweren Auseinandersetzung, trennen sich die Schwestern; Elisabeth gründet mit Hilfe Mary Wigmans in Leipzig eine eigene Schule.

Der zweite Versuch, den Haushalt und die persönlichen Angelegenheiten in den Griff zu bekommen, gelingt aufs glücklichste mit «Hesschen», Anni Hess[97]. Sie ist die ehemalige Haushaltshilfe von Erna Hoffmann und Hans Prinzhorn, dem bekannten Psychiater, der 1922 das Aufsehen erregende Buch über Bilder und Zeichnungen psychisch Kranker veröffentlicht. Anni Hess, acht Jahre jünger als Mary Wigman, übernimmt im Dezember 1923 den Haushalt und hat seither *mein Leben geteilt, hat mich betreut, umsorgt, beschützt und gepflegt, in unentwegter Liebe und Treue. […] Das Beste aber ist, daß sie bei aller Anhänglichkeit, bei all ihrer Besorgnis um meine Person ein völlig selbständiger Mensch geblieben ist, instinktsicher in ihrer Beurteilung von Menschen.*[98] «Hesschen» liebt und bewundert Mary Wigman; mit der nötigen Fürsorge, Menschenkenntnis und der unvermeidbaren Eifersucht wacht sie «im Hintergrund». Sie hat den Haushalt und die vielen unsichtbaren Lebensgrundlagen fest in der Hand, sie ist bis zu Mary Wigmans Tod an ihrer Seite als ihr «Sancho Pansa», wie Intendant Hans Schüler sie einmal bezeichnet. Und Mary Wigman weiß um die *Gnade* eines solchen Miteinander.

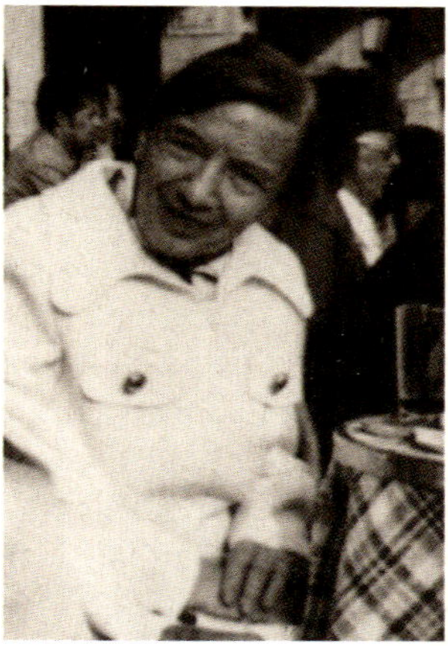
Anni Hess («Hesschen»), 1972

Gerade erst gegründet, wird die Wigman-Schule schon bald zu einem umfassenden Schulbetrieb mit mehreren festen Mitarbeitern für Büroarbeit, Tourneeplanung und Lehrtätigkeit. Der wichtigste unter ihnen ist seit 1921 der Pianist und Komponist Will Goetze, ein Schüler Paul Arons, der in seinem expressionistischen Stil den musikalischen Anforderungen

Mary Wigmans sehr entgegenkommt. Er ist in der Lage, dem Bewegungsgestus Mary Wigmans nachzuspüren, ihre Intentionen aufzunehmen, ihre oft noch unklaren Vorstellungen musikalisch zu konkretisieren, er komponiert die Musik oder erfindet mit sicherem Gespür das Geräusch- und Rhythmusfeld für ihre Tänze, hilft auch bei der Auswahl vorhandener, für den Tanz geeigneter Kompositionen. Er begleitet Mary Wigman viele Jahre auf ihren Tourneen, ist verantwortlich für die musikalische Erziehung in der Schule, lehrt die Schüler auch den Umgang mit den Rhythmusinstrumenten. Bis 1929 ist er der inspirierende musikalische Mitarbeiter und neben Mary Wigman in der Direktion der Schule tätig.

Sehr schnell entsteht ein großer Kreis von Freunden und Bewunderern der Wigman-Schule. Die Künstler aus dem reichen Theater- und Konzertleben Dresdens und aus dem nicht fernen Weimarer Bauhaus gehen bei ihr ein und aus. Im (oft als spartanisch bezeichneten) goldenen Salon empfängt sie Maler wie Emil Nolde[99] oder Ernst Ludwig Kirchner, die beide Tanzstudien und Bilder von ihr anfertigen, sie besucht Ausstellungen moderner Künstler, trifft mit ungezählten Persönlichkeiten zusammen, ist befreundet mit Paul Aron, der oft für sie und ihre Gäste die Musik neuer Komponisten spielt. Mit Kunstkenner und -förderer Will Grohmann, der Mary Wigman nach Dresden geholt hatte, verbindet sie eine tiefe Freundschaft. Er und Paul Aron – *ihm habe ich unendlich viel zu danken*[100] – bedeuten für sie eine große künstlerische Bereicherung, sie öffnen ihr die Sinne für neue Formen und Strukturen, für ungewohnte Klänge und Dissonanzen. Berthold Viertel überträgt ihr im Juni 1921 die Choreographie für seine «Sommernachtstraum»-Inszenierung[101], hier lernt sie erstmals das szenische Arbeiten kennen. Mit Oskar Schlemmer korrespondiert sie über dessen «Triadisches Ballett», das sie als Gastspiel in Dresden sieht. Mit ihren triumphalen Erfolgen als Solistin und schon bald mit ihrer Gruppe wird sie Teil des großen künstlerischen Entwicklungs- und Wandlungsprozesses der Weimarer Zeit.

Sie ist «die Wigman»[102] geworden, eine auffallende, eher kleine, in der Erinnerung immer als «groß» bezeichnete Ge-

Das Wohnzimmer in Dresden

stalt mit einer sehr hohen Stirn, die von dunklem, rötlich schimmerndem, welligem Haar eingerahmt ist, mit einem vollen Mund und großen blauen Augen im Kontrast zum hellen Teint ihres Gesichts, mit einer eher dunklen Stimme und immer beredten Händen. Sie ist von starker Intensität, mit manchmal unnahbarer, fast schroffer Eigenheit und doch von sinnlicher Ausstrahlung. Es herrscht eine künstlerisch und menschlich hochgespannte Atmosphäre bei ihr, alle sind beflügelt von den «Schwebungen in dem Milieu ihres Hauses, wo zwischen Werk und Person Scharen von Menschen voll inbrünstiger Verehrung taumeln»[103], wie es Hans Prinzhorn charakterisiert.

Da Mary Wigman in jenen ersten Dresdner Jahren kaum Zeit hat, Tagebuch zu schreiben, wissen wir aus ihrer Sicht wenig über ihre Beziehung zu Hans Prinzhorn. Aber Briefe von ihm, die erhalten sind (und hier zitiert seien als eine der ganz wenigen, sehr persönlichen Aussagen über Mary Wigmans Wesensart und komplexe seelische Verfassung), machen deutlich, daß beide in einer leidenschaftlichen, aber auch aufzehrenden

Liebe verbunden sind. Sie begegnen sich wieder 1921, von seiner zweiten Frau, Erna Hoffmann-Prinzhorn, läßt er sich gerade scheiden. Prinzhorn ist ein ewiger «Wanderer», der immer wieder in der Liebe die Nähe sucht, die er dann doch nicht ertragen kann, während Mary Wigman überschäumt vor Schaffenskraft, «produziert ständig fieberhaft Neues und brennt überhaupt an beiden Enden». Er empfindet ihre Liebe als «bindend, ja fesselnd liebevoll und konsequent vernichtend zugleich». Er erkennt, daß sie in manchmal «weher Unrast und Zerrissenheit» nicht anders kann, «als nur in freier Willkür den andern so eng wie möglich zu binden und selbst ganz frei zu sein». Er nennt sie «Madämononna», seinen «guten Dämon», schreibt liebend-huldigende Gedichte auf sie. Ihretwegen übernimmt er ab November 1922 eine Anstellung als therapeutischer Arzt im Sanatorium «Weißer Hirsch» in Dresden, doch schon Ende 1923 trennen sie sich. Er gründet 1922 die «Mary-Wigman-Gesellschaft»[104], die er 1923 «noch ganz bedeutend erweitert in ihrem Arbeitsprogramm, um M.'s Werk zu sichern und die wirtschaftlichen Lasten noch mehr von ihr zu nehmen». Vor allem aber überzeugt er den sehr wohlhabenden Schweizer Mäzen Georg Reinhart (1877–1955) in Winterthur (der Mary Wigman 1916 bei ihrem Gastspiel zur dortigen Museumseröffnung kennengelernt hatte[105]), ihre Arbeit aufs großzügigste zu unterstützen. Im Inflations-September 1923 schreibt Prinzhorn: «Mary hätte ohne meine Hilfe ihre großen Pläne aufgegeben und sich wieder nur als Solistin aufgemacht. Nun ist die momentane Krise überwunden, die 2. Milliarde am anrollen, die Mädels der Gruppe finanziert, die Arbeit im Gang.» (Im Brief an Reinhart schreibt Mary Wigman, daß er allein ihr die Weiter-

Hans Prinzhorn
(1886, Hemer/Westf. – 1933, München), Studium der Kunstgeschichte, Philosophie, Medizin; Staatsexamen 1917, danach Universitätsklinik Heidelberg, in Zürich bei C. G. Jung. November 1922 im Sanatorium «Weißer Hirsch», Dresden; 1924 Chefarzt im Sanatorium Wiesbaden; psychotherapeutische Praxis in Frankfurt a. M.; Vortragstätigkeit. Ab 1931 in München, Typhuserkrankung. Hauptwerk: «Bildnerei der Geisteskranken», 1922. Prinzhorn-Sammlung mit etwa 4500 Objekten zu diesem Thema in Heidelberg.

arbeit ermögliche.[106] 1940 wird das NS-Finanzamt von ihr seine Adresse verlangen.[107]) Auf seinen Vortragsreisen kann Prinzhorn Gastspielverträge für sie abschließen, so zum Beispiel in Stockholm (1923). Über die Erweiterung der Gruppe auf zwanzig Tänzerinnen schreibt er (im April 1923), «es war das erste Resultat der durch meine Fischzüge an Kapitalien endlich ermöglichten Arbeit». Die Trennung von Mary Wigman reißt ihn in einen Strudel der Verzweiflung, doch sie bleiben einander nah. In einem der tiefempfundenen «stillen Briefe» (Herbst 1923) charakterisiert er nochmals Mary Wigman in ihrem damaligen Zustand und wünscht: «Du seist erlöst von der Kümmerform, in die ein allzu hartes Lebensschicksal Dich gepresst hat [er meint ihr finanziell kümmerliches und räumlich beengtes Leben], – von dem Wahn des Ichseins, des Herrschenmüssens über Dinge und Menschen – diesem Wahn, der sich immer wieder in letzter Unsicherheit und Selbsttäuschung über Dinge und Menschen kundtat, in ständig wechselnder Über- und Unterschätzung Deiner und ihrer – in der Verzärtelung von Bestien aus allgemeinem schlechtem Gewissen gegen still Geopferte – im Kultus fürstlicher Willkür gegen Freunde, sklavischen Duldertums gegen vampyrhafte Pseudofreunde. Kann ich's ändern, daß ich tiefer sehe?» Für ihn ist diese kurze Zeitspanne mit Mary Wigman «die höchste Kurve meines Lebens, die ein großes Verströmen in deine Wirk- und Person-Welt war»[108]. Von Mary Wigman wissen wir, daß sie, als er unerwartet im Juni 1933 stirbt, zwischen zwei Vorstellungen mit dem Nachtzug nach München

Hans Prinzhorn, um 1930

eilt. Seine *schöne stille Totenmaske* wird ihr in aller Getriebenheit Ruhe bedeuten. *Dieser Mann hat das menschliche Band geknüpft, das über seinen Tod hinaus hält, ja, sich verfestigt.* [109]

Die Aufbruchstimmung und die wirtschaftlichen Zusammenbrüche jener Jahre, Mary Wigman erlebt beides, Honorare werden ihr nicht bezahlt, es mangelt oft an Lebensmitteln oder Materialien für Kostüme und Ausstattung. Doch als die Substanz jener Jahre nennt sie *die Bereitschaft der Künstler, das Leben in all seinen Äusserungen und Erscheinungsformen aufzuspüren, es zu durchdringen und in die künstlerische Gestalt zu übersetzen, jeder auf seinem Gebiet [...]* [110]

Die Vollendung: Solo und Gruppe

Mit einem Schlag ist Mary Wigman die Schöpferin und Protagonistin des Neuen Künstlerischen Tanzes, des Freien Tanzes. Sie erarbeitet sich ein Repertoire neuer Tänze, deren inhaltliche wie formale Vielfalt ist erstaunlich. Geheimnisvolles Dunkel und zarteste Linienführung, rauschhaftes Ungestüm und vollendeter Stilwillen, wilde Kraft und schwebende Leichtigkeit, wahres Gefühl und klare Abstraktion werden an ihnen bewundert. Die Themen und ihre Aussagekraft scheinen unerschöpflich und sind so auf der Tanz-Bühne noch nicht erlebt worden. Ihre oft mit glänzenden, weich fallenden Stoffen gearbeiteten Kostüme in akzentuierenden Farbkombinationen charakterisieren, dramatisieren, emotionalisieren diese Themen und steigern deren Aussage.

Dazu wird die ganz außerordentliche Körperbeherrschung, ihre «Elastizität», «die absolute Gewalt über ihre Glieder», in allen Rezensionen bewundernd hervorgehoben, «in den raschen Drehungen des Körpers, in dem wie vom Stofflichen gänzlich gelösten lautlosen Dahinhuschen über den Boden, in dem Rückwärtswerfen des ganzen Oberkörpers bis an die äußerste Grenze der Gleichgewichtsstellung» [111]. Und immer wieder ihre «bis in die Fingerspitzen vibrierenden» Hände, so wie sie selbst einst bei den Schwestern Wiesenthal von den tanzenden Händen fasziniert war. Als Höhepunkt wird der musiklose Tanz gefeiert, «am reinsten, größten, unmittelbar-

Mary Wigman in «Allegro con brio» («Slawische Tänze»), 1920. Foto von Hugo Erfurth, Dresden

sten ist sie in den musikfreien Tänzen»[112]. Zusammenfassend charakterisiert die «Vossische Zeitung» im April 1922: «[...] Was die Magie ihrer Kunst ausmacht, (und jedesmal, wenn man sie sieht, neu ins Bewußtsein bringt) ist, daß sie weder positiv noch negativ an irgendwelche äußeren Konventionen der Tanzkunst anknüpft, sondern, von der Gewalt ihres Tanztriebes gezwungen, sich mit den Grundlagen dieser Kunst auseinandergesetzt hat»[113]. Negative Kritiken, die es auch gibt (mangelnde Abwechslung des gymnastischen Ausdrucks, zuviel Wiederholung einer Figur ohne besondere Tanztechnik; der musiklose Tanz verlange zuviel seelische Teilnahme), vermögen ihr nicht mehr viel anzuhaben, Mary Wigman ist sich ihres der neuen Ausdruckskunst gegenüber aufgeschlossenen Publikums sicher. Allgemein etabliert ist der neue Tanz aber noch lange nicht.

Gleichzeitig mit ihrer Tätigkeit als Einzeltänzerin experimentiert sie mit ihren begabtesten Tänzerinnen an einer Tanz-

Mary Wigman in «Vision III», 1925. Foto von Charlotte Rudolph, Dresden

gestaltung in der Gruppe, versucht neben der Solofigur die mehrgliedrige, polyphone Tanzgestaltung zu entwerfen. Sie gründet ihre Kammertanzgruppe. Von der ersten Stunde an ist ihr der Gruppentanz und danach weiterentwickelt der Chorische Tanz von großer, nicht nur äußerlicher, sondern inhaltlicher Bedeutung. Sie erlebt den Tanz als einen Tanz im Raum und spürt in der Konsequenz daraus die notwendige Erweiterung ihrer eigenen tänzerischen Einzelgestalt zur raumgreifenden, bildnerisch-plastischen Gestalt der Vielzahl, der Gruppe. Sie sucht im Tanz immer mehr Thema und Gegenthema, sucht ihn als Komposition und Gesamtkunstwerk, als die Ganzheit des tänzerischen Ausdrucks im Raum. Mary Wigman findet mutig auch hier einen neuen Weg, wobei sie bewußt die einzelnen Tänzerinnen der Gruppe am Gesamtwerk gestalterisch mitbeteiligt und ihnen jeweils individuelle Nuancen zugesteht, ja sie zu künstlerischer Ausarbeitung drängt. In dieser Absicht formt Mary Wigman die Gruppe zu einer eigenständigen künstlerischen Kraft. Diese «Doppelheit [von Solo- und Gruppengestaltung] begründet ihre zentrale Stellung in der Tanzkunst; sie ist die eine Entwicklung abschließende größte und gewissermaßen letzte Einzeltänzerin und zugleich die eine Entwicklung eröffnende Meisterin einer

Gruppenkunst, die sie zur Erweiterung der eigenen Persönlichkeit brauchte»[114].

Neben vielen Solotänzen entwickelt sie nun die Gruppentänze. Einen ersten Erfolg erreicht die «Kammertanzgruppe Mary Wigman» im Januar 1921 mit dem *Totentanz (I)* im Dresdner Konzertsaal; die drei Partnerinnen sind mit der Solofigur vereint zu «einem Meisterwerk kontrapunktischer Rhythmik»[115], die einzelnen Figuren sind wie Stimmen im Orchester komponiert. Es folgen Entwürfe für Solo und Gruppe, *Die Feier (I)*, ein erstes Gastspiel gibt die Gruppe im Dezember 1921 in Frankfurt mit *Die sieben Tänze des Lebens.* Dessen Motive finden sich bereits in Aufzeichnungen um 1915, sie hat sie während ihres Genesungsaufenthalts in Graubünden 1918 zu einem Handlungsdrama ausgearbeitet. Die in expressionistischer Manier gehaltene Thematik und Sprache im selbstgeschriebenen Prolog finden (wie auch die Musik von Heinz

«Abendliche Tänze» («Drei Elegien»), 1924. Foto von Ursula Richter, Dresden

Pringsheim) bei den Kritikern keine einhellige Zustimmung, die Aufführung wird dennoch ein Erfolg mit Vorstellungen auch in München und Hannover.

Ein Meilenstein in der Entwicklung des Gruppentanzes werden die neuen Studien *Skizzen zu einem Tanzdrama*, mit den Teilen *Kreis*, *Dreieck* und *Chaos*, die zusammen mit dem *Totentanz (I)* im Frühjahr 1923 in Berlin in der Volksbühne mit beispiellosem Erfolg aufgeführt werden. Die Gruppe, auf zwanzig Tänzerinnen erweitert und «Tanzgruppe Mary Wigman» benannt, wird bis 1928 bestehen bleiben. Nach der Volksbühnen-Matinee gibt es neun ausverkaufte, triumphale Abende in der Berliner Philharmonie, danach in Hamburg im Curio-Haus, dann in Turin, schließlich in weiteren deutschen Städten.

Die Erweiterung dieser *Skizzen* zu den abendfüllenden *Szenen aus einem Tanzdrama* durch die neuen Sequenzen *Wende*, *Vision*, *Begegnung* und *Gruß* – später kommen noch *Aufruf* und *Wanderung* und als Finale die *Rhapsodie* hinzu – wird zum vorläufigen Höhepunkt des Gruppentanzes. Die einzelnen Episoden entwickeln antagonistisch die innerseelischen Prozesse von Sehnsucht, Suche, Kampf, Überwindung und Sinnfindung, beziehen aber ihre künstlerische Aussage aus dem rein Formalen. Diese erstmals tänzerisch abstrahierte Komposition findet enthusiastische Anerkennung. Damit gelingt es Mary Wigman auch hier, in der Neuerung schon den Höhepunkt anzubahnen und das neuartige Tanzdrama «als selbständiges Kunstwerk und als gültigen Ausdruck der Zeit» [116] zu verwirklichen. Gleichzeitig gibt es einen Ausblick auf die theatralischen Möglichkeiten, die Mary Wigman als Choreographin der Bühne eröffnen wird.

Daß Mary Wigmans Tanzgruppe gleich in den ersten Jahren ihres Bestehens einen so großen Erfolg erringen kann, liegt nicht zuletzt an der künstlerischen Qualität ihrer Tänzerinnen, es sind, um die bekanntesten zu nennen, Berthe Trümpy, Gret Palucca, Yvonne Georgi, Hanya Holm, Vera Skoronel und Margarete Wallmann; sie werden sich alle im Lauf der Jahre selbständig machen und erfolgreiche Solistinnen, Tanzpädagoginnen oder Choreographinnen sein, die ihrerseits der neuen tänzerischen Ausdrucksweise zu weiterer Entwicklung und Anerkennung verhelfen.[117]

Für Mary Wigman beginnt 1923 die Zeit der großen Tourneen quer durch Europa; Spätherbst und Winteranfang sind der Solotournee vorbehalten, das Frühjahr der Gruppentournee. Wenn sie, trotz aller körperlichen Belastung durch das Reisen, trotz Übermüdung nach halbdurchwachten Nächten im Schlafwagen und nicht selten auch trotz beeinträchtigender Erkrankungen, abends auf die Bühne kommt und das Publikum dann allein mit diesem ihrem Körper tatsächlich auch erreicht, es begeistert und überzeugt, dann zeigt sich darin etwas von ihrer beispielhaften körperlichen und geistigen Kraft und Disziplin. Ihr Arbeitspensum ist auch in Dresden ungeheuer groß; zwischen den Tourneen werden die Solo- und Gruppenprogramme entworfen und einstudiert, es muß geprobt werden für einzelne Gastspiele, dazu der Unterricht, die Sommerkurse, die Diplomprüfungen und immer der überaus anstrengende Schulalltag mit all seinen großen und kleinen Ereignissen, schließlich noch die viele Schreibarbeit. Allzuoft notiert sie im Tagebuch ihre *völlige Erschöpfung.*

Die «Bewertung» ihrer Anstrengungen trägt sie bei den Tourneen am Abend als Honorar mit nach Hause, manchmal muß sie ein beängstigendes *Defizit, aber künstlerisch lohnend* erkennen (in Wien ist *der Manager mit der Kasse durchgegangen*[118]). Mary Wigman ist sich ihres Wertes als Künstlerin und ihrer daraus resultierenden Verantwortung dem Publikum gegenüber bewußt, weiß aber die finanzielle Gegenleistung davon zu trennen. Sie ist außerordentlich großzügig und setzt alles Verfügbare immer wieder für die Schule ein. Aus finanziellen Sorgen kommt sie nicht heraus, so hat sie zeitlebens mit Souveränität, Dank und Bescheidenheit die Unterstützung von Freunden und Gönnern gebraucht und angenommen.

Eine weitere Abhilfe in der nie endenden Finanznot schafft im Sommer 1924 der Freund Ernst Schlegel, indem er (wahrscheinlich die «Mary-Wigman-Gesellschaft» erweiternd) die «Gesellschaft von Freunden der Mary-Wigman-Tanzgruppe» gründet, zu deren Gründungsmitgliedern u. a. Persönlichkeiten wie Eugen d'Albert, Otto Binswanger, Viktor Klemperer, Emil Nolde, Hans Prinzhorn, Conrad Felixmüller, Alfred Kerr und wieder der Mäzen Georg Reinhart gehören.[119] Schlegel selbst übernimmt die Aufsicht über die Verwaltung der Schule. Die für die nächsten drei Jahre garantierten Summen lassen Mary Wigman unter seiner buchhalterischen Führung wieder neu und im voraus planen.

Im Haus der Familie Schlegel[120] verkehrt Mary Wigman ab Sommer 1923 regelmäßig, es ist das «Schlössli» in Uttwil auf der Schweizer Seite des Bodensees, idyllisch gelegen und geeignet für Erholung, ruhige Ferien und schöpferische Arbeit. Im Sommer 1924 kann sie hier ihre schwere Verletzung ausheilen, die sie sich während der Frühjahrstournee «in Bonn, mitten im Tanzabend, der abgebrochen werden mußte: Bänderzerreissung am Fuß»[121] zugezogen hatte. Die Karriere scheint bedroht, *Katastrophe. Aus!*[122] Doch sie erholt sich, nicht zuletzt deswegen, weil sie hier Herbert («Hebby») Binswanger kennenlernt, einen Sohn der verzweigten Medizinerfamilie Binswanger aus Kreuzlingen, dessen Onkel, der Psychiater Otto Binswanger (1852–1929), schon Friedrich Nietzsche in Jena behandelt hatte. Herberts Mutter Luise Felicie Marie (1871–1941) hatte nach dem Tod des Vaters Robert Binswanger (1850–1910), in dritter Ehe 1921 Ernst Schlegel geheiratet. Zwischen ihr und Mary Wigman wird sich eine tiefe, verehrende Freundschaft entwickeln. «Hebby» Binswanger ist Medizinstudent, auch in der Fachrichtung Psychiatrie, 14 Jahre jünger als Mary Wigman, von jugendlicher Lebensfreude. Mit ihm erlebt Mary Wigman – nach der schweren Trennung von Hans Prinz-

Herbert Binswanger, 1924 / 25

horn – eine ganz andere Seite der Liebe, leicht und unbekümmert, *das Blödeln, das herzhafte Lachen, all der Spaß und das heimliche starke Gefühl dabei im Herzen*, so erinnert sie sich Jahre später, *Uttwil, das umschließt 6 Jahre reichen, überschäumenden, glückerfüllten Lebens.*[123] In diesen Jahren wird Mary Wigman fast alle ihre neuen Tanzschöpfungen im Glück und in der sommerlichen Ruhe von Uttwil entwerfen. Meist kommen noch Will Goetze mit der Assistentin und Freundin Gerda Reh dazu, um die musikalische Seite auszuarbeiten.

Herbert Binswanger (1900–1975), Studium der Psychiatrie, Professor an der Universität Zürich. 1932 Ehe mit Ruth Frick, zwei Kinder. Lebenslange Freundschaft mit Mary Wigman.

Die erste Arbeit, die 1924 hier entsteht, ist ein *Tanzmärchen* mit durchgehender Handlung, von dessen einzelnen Motiven auch einige schon in der Zeit um 1915 auftauchen. Weniger sein Inhalt als vielmehr die choreographische Konzeption werden bei der Premiere am 19. Januar 1925 im Dresdner Schauspielhaus anerkannt, doch es bleibt nicht lange im Repertoire, später wird Mary Wigman auch kein Solostück daraus tanzen, sie hat sich wohl endgültig von ihren expressionistisch-erzählenden Anfängen gelöst.

Die nun folgenden Jahre werden für Mary Wigman turbulent und aufregend, in ihrer künstlerischen Laufbahn wie in ihrem persönlichen Leben. Vor allem aber führt sie die Tanzkunst auf einen Höhepunkt als den «Beweis der Vollendung von wahrer und reiner Körperkunst»[124], wie es der bekannte Musikschriftsteller Oscar Bie formuliert. Niemandem vor ihr ist es gelungen, Körperausdruck derart schlackenlos zu verwirklichen. Deutlicher als je zuvor wird von der Person der Tänzerin abstrahiert und die jeweilige Gestalt in ihrer Erfüllung des Raums als Urform oder Archetypus erfahren, hier rechtfertigt sich vielleicht der Ausdruck vom *Absoluten Tanz.*

Mary Wigman erlebt solche Momente einer vollkommenen Bühnengestaltung auch selbst als einen Ausnahmezustand und spricht von *Momenten reinsten Schöpfertums* und vom *formgewordenen Urerlebnis.*[125] Sie betont dabei aber auch, daß *zwischen Schaffen und Gestalten es noch ein Stück Weg gibt, der nicht von jedem gegangen werden kann, weil dieses Stück Weg nicht vom Willen des Menschen abhängt, sondern Schicksal ist*[126].

Fast folgerichtig greift sie im nächsten Tanz, dem *Totentanz (II)* für Solo und Gruppe, erstmals zu einem neuen Darstellungsmittel, der Maske. Es sind Kunstwerke des Dresdner Bildhauers Viktor Magito, der noch für weitere Tänze Masken entwerfen wird. Der *Totentanz (II)*, in Königsberg im Januar 1926 uraufgeführt mit einer großangelegten Geräusch- und Klangkomposition von Will Goetze, beweist, «daß Mary Wigmans Visionen in den Tänzen der Gruppe genau so reine Formen gewinnen wie in ihren Einzeltänzen»[127]. Von allen Gruppenwerken liebt Mary Wigman dieses am meisten.

Weitere große Tanzwerke entstehen, so 1926 ihr berühmter *Hexentanz (II)*, der als einer der wenigen Tänze in Ausschnitten im Film festgehalten ist, ebenfalls mit einer Maske von Magito. Danach die ebenso berühmt gewordenen Tänze von 1926/27, die *Monotonie (I)*, ein sehr feierlich gemessener Schreittanz, und *Monotonie (II)*, die sogenannte *Drehmonotonie.*

Tanzgruppe Mary Wigman mit «Totentanz II», 1926.
Foto von August Scherl, Berlin

Beides sind erste Arbeiten zu dem neuen großen Zyklus für Solo und Gruppe *Die Feier (II)* von 1927. Ihre *Drehmonotonie* ist *der Ahnherr aller später von anderen getanzten Drehtänze,* sie liebt diesen Tanz sehr, er bleibt eines ihrer bedeutendsten und oft wiederholten Solostücke. Es ist eine achtminütige, sich anspannende und einspinnende Drehbewegung, *mit den ganzen Füßen auf dem Boden, nicht auf Zehenspitzen, während die Arme Figuren weben*[128], in der Mitte der Bühne *kreisend und drehend in spiralischem Auf und Ab, ohne Anfang, ohne Ende [...] in selbstzerstörerischer Lust sich steigernd, anschwellend und abschwellend. [...] Und dann das plötzliche Sich-Loslassen und der Sturz des entspannten Körpers in die Tiefe. Lebendig nur noch ein Gefühl: das der Körperlosigkeit.*[129] Die Wirkung dieses Tanzes ist gebannte, atemlose Stille, «eine jener genialen Eingebungen [...], ein Sichdrehenlassen des Körpers, ein orientalisches Sichtanzenlassen, das in Trance sich auflösen und schließlich zum Zusammenbruch führen muß ... Man erlebt diesen Vorgang als tänzerischen Ausdruck maßloser Hingabe, vollkommenen Sichopferns», heißt es 1926 in der «Vossischen Zeitung». In diesem grandiosen Tanz vollendet Mary Wigman, was sie 1915 bereits über das Drehen geschrieben hat: *Die schwingende Drehung gab sie [die Tänzerin] an den Tanzraum weiter, [...] ward sie nicht Mittelpunkt der Welt für einen Augenblick, Symbol?*[130] Als Gesamtwerk für Solo und Gruppe hat *Die Feier (II)* 1927 in Berlin Premiere und gehört zum Höhepunkt des Gruppentanzes.

Während auch einzelne (später im Zyklus *Vision* zusammengefaßte) *Gestalttänze* noch zu diesen aufregenden, eher schweren Tänzen gehören, entstehen in diesen Jahren aber auch leichte, lyrische Tänze, wie die *Raumgesänge*, die *Tanzfolgen nach russischen Liedern*, *Balkanphantasien*, der *Rhapsodische Tanz* und *Helle Schwingungen*, in denen Mary Wigman ganz diesseitig das Lichte und Beglückende des Lebens bejaht und sich von ihrer «weiblichen» Seite zeigen kann, von sinnlicher Beschwingtheit und «mit der Anmut eines großen Herzens»[131]. Mary Wigmans Kunst können die wenigen erhaltenen kurzen Filmsequenzen leider nur schwach andeuten.

«Hexentanz II», 1926.
Foto von Charlotte Rudolph, Dresden

Die Fülle der Arbeiten scheint kaum zu bewältigen, für die Gruppenarbeiten sind die Räume zu klein. Für die Probenarbeit am *Totentanz II* stellt die Stadt Dresden einen Raum in der ehemaligen Residenz zur Verfügung. Die Erweiterung der Schule scheint zwingend und wird im Frühjahr 1927 begonnen, im Dezember werden die neuen Räume eingeweiht, darunter eine abgeschlossene Wohnung für Mary Wigman. Das schönste und wichtigste aber ist der große gelbe Saal, eine wahre Verheißung für neue Arbeiten.[132]

Es ist ein aufreibendes Jahr, Mary Wigman notiert: *Rasend anstrengende Tournee, Amsterdam, Rheinland, Schweiz, Italien, Turin, 5 Aufführungen, 2 Programme, 5 Solotänze. In Bern B. getroffen, im Auto nach Prag etc. Schulbau! Hochzeit Gerda-Goetze, Sommerferien in Uttwil. Mit Gerda und Goetze gearbeitet. Schöne Zeit. Schulbau, Schulordnung, Geldsorgen. Ende August Dresden, Bau nicht fertig. Provisorien. Solotänze. Helle Schwingungen, Traumgestalt, Tänze aus dem Balkan. Solotournee. Herzgeschichten. Eigene Wohnung. Schuleinweihung am 12. Dezember 1927.*[133] Alle Honoratioren der Stadt sind geladen, Vertreter der Reichsregierung kommen, Freunde und «Ehemalige» versammeln sich, es wird ein großes Fest.

Trotz der strengen Kalkulationen Ernst Schlegels wird am Ende der Umbau doch teurer als geplant (später wird ihr vorgeworfen, jüdisches Kapital verwendet zu haben). Die Finanzsorgen scheinen schier unüberwindlich. Und so muß sich Mary Wigman im folgenden Jahr dazu durchringen, ihre Tanzgruppe aufzulösen. Sie hat das große Werk *Die Feier (II)* komponiert, der Erfolg ist durchschlagend. Doch die Gruppe kann aus finanziellen Gründen nicht bestehen bleiben. Dies letzte Werk demonstriert noch einmal im großen Bogen eines abendfüllenden Tanzes die gesamte Gestaltungskraft Mary Wigmans und der von ihr geschaffenen Tanzgruppe. Nachdem Mary Wigman am Ende des Tänzerkongresses in Essen im Sommer 1928 die Auflösung der Gruppe verkündet hat, wird es als Skandal empfunden, daß eine so künstlerisch qualitätvolle Arbeit keine öffent-

«Die Feier», Teil 2 «Im Zeichen des Dunkel», 1927/28.
Foto von Charlotte Rudolph, Dresden

lichen Subventionen bekommen kann, aber die Stadt Dresden stellt erst Mittel zur Verfügung, als 1929/30 nochmals kurzfristig eine Gruppe aufgebaut werden soll.

Auf diesem Tänzerkongreß brechen die schon lange schwelenden Kontroversen zwischen der Laban-Schule und der Wigman-Schule deutlich aus, zwischen ihren jeweiligen Organisationen, dem «Deutschen Tänzerbund» und der «Deutschen Tanz-Gemeinschaft e. V.». Auch um die Errichtung einer deutschen Tanzhochschule entbrennt die Rivalität. Nach erbittertem Hin und Her, auch in der Presse, kommt es zu einem paritätischen Miteinander, vor allem auch angesichts der allgemeinen Schwierigkeiten für den Tänzerberuf.[134]

Dieses und die nächsten Jahre halten noch weitere Aufregungen für Mary Wigman bereit. Auf dem Tänzerkongreß lernt sie den Schweizer Dichter Albert Talhoff kennen, mit ihm choreographiert sie sein expressionistisches Versdrama «Totenmal» in München, das Werk soll Denkmal und Klage für die Gefallenen des Ersten Weltkriegs sein. Doch die Arbeit gestaltet sich schwierig, mit der chorischen Behandlung von Menschengruppen hat sie noch keine Erfahrung, und Talhoff *ändert ununterbrochen.* Als der ursprüngliche Termin der Münchner Premiere von 1929 auf den Tänzerkongreß im Sommer 1930 verlegt wird, ist sie erleichtert. Sie gewinnt außerdem Zeit, sich auf ihr erstes London-Gastspiel im Herbst 1928 vorzubereiten, womit sie dann jedoch wenig Erfolg hat, sie bleibt dem englischen Publikum fremd.

Die Heirat von Will Goetze und Gerda Reh und deren Abschied bringt 1929 einen neuen Mitarbeiter in die Wigman-Schule: Hanns Hasting, ebenfalls ein Aron-Schüler, bereits durch Goetze in den Schulalltag gut eingearbeitet, es beginnt eine Zeit intensiven und gut aufeinander abgestimmten Arbeitens. Mit ihm entsteht in diesem Sommer als erstes die *Schwingende Landschaft*, ein Tanzwerk, das ihr sehr am Herzen liegt und das bei der Premiere und der darauffolgenden Tournee im Herbst 1929 zum triumphalen Erfolg wird. Kein anderes Soloprogramm hat sie so oft getanzt wie dieses. Es ist das Ergebnis ihrer Sommerreise mit Herbert Binswanger durch

«Seraphisches Lied»
(«Schwingende Landschaft»), 1929

Frankreich und Spanien, als Essenz aller Erlebnisse und Gefühle auf dieser Reise. Die Natur und die Menschen erlebt sie als überwältigend, empfindet überschäumende Lebenslust und leise Melancholie, aus einzelnen Stationen erwachsen die einzelnen Tänze. Sie selbst weiß sich im Vollbesitz ihrer erlebnisfähigen und schöpferischen Kräfte, weiß sich auf dem Höhepunkt ihres Lebens, sie spürt die Einmaligkeit dieses Sommers, spürt auch, daß er zu Ende geht. *So glücklich!* heißt es nur kurz. Und wenig später heißt es dann: *Trennung von B. Hart!* [135] Diese Reise ist der Abschluß der langjährigen Beziehung, und der Tanz *Schwingende Landschaft* ist der glückliche und reife Dank dafür. Es bleibt zwischen ihnen eine große Verbundenheit, sie schreiben einander, er schickt nach dem Zweiten Weltkrieg Pakete und fährt sie noch in den späten Jahren im Auto durch die geliebte Schweiz.

Ende des Jahres 1929 feiert sie in einer repräsentativen Veranstaltung ihr zehnjähriges Bühnenjubiläum in Deutschland, *offiziell, im großen Stil* [136], Vertreter der Stadt Dresden sind anwesend, im November wird ihr in Berlin im Hotel Bristol ein überwältigender Empfang gegeben mit Prominenz aus Kultur und Politik und natürlich mit vielen «Ehemaligen», sie genießt die öffentliche Anerkennung.

Mary Wigman steht in den späten zwanziger Jahren auf dem Höhepunkt ihrer Karriere. Doch neben der enthusiastischen Begeisterung wird bereits der Vorwurf eines zu großen Pathos und einer eher ekstatisch-kultischen als tänzerischen Pose laut, es gibt negative Kritiken. Der Wigman-Stil des expressiven Ausdruckstanzes verkörpert eine Epoche, die zu Ende geht. Dem Pathos, der feierlichen Haltung und dem mystifizierend-weihevollen Ausdruck stehen inzwischen eine neue Sachlichkeit und eine Sozialkritik gegenüber, wie sie zum Beispiel Valeska Gert, Lotte Goslar, Jo Mihàly oder Jean Weidt mit seinen roten Tänzern darstellen. Schon 1924 heißt es in einer Zeitung, daß man «wigman-müde» sei, auch wirft man ihr «Äußerlichkeit, eher pantomimisches Bewegungstheater, nicht mehr reine Tanzkunst» (1927) vor. Joseph Lewitan schreibt 1929 in «Der Tanz» von seinem «Eindruck der Stagnation» und weiter: «Nach der ‹Feier› war eine weitere Entwicklung nicht mehr denkbar, nur eine krasse Umkehr und Umschau nach neuen Richtungen.»[137] Auch *Opfer* (1931), mehr noch *Der Weg* (1932), finden nicht mehr ungeteilte Zustimmung. Im Juni 1930 gibt es eine Wigman-Parodie im Kabarett der Komiker. Inwieweit Mary Wigman dies registriert, mit anderen bespricht oder davon beeinflußt wird, läßt sich nicht sagen. Sie erlebt wohl vor allem ein immer wieder begeistertes Publikum, jenes bildungsbürgerliche Publikum, für das Mary Wigman in zwar neuer Form, doch die im traditionellen Wertekodex überlieferten Themen des Menschseins verkörpert, Persönlich-Menschliches, nicht Sozial-Kritisches. Wo viele andere Tänzer «aus der Disharmonie der Gegenwart»[138] inspiriert sind, schöpft Mary Wigman aus der Suche nach der Harmonie von Zeit und Sein. Sie selbst sieht sich wahrscheinlich nur im Spiegel ihrer Freunde, Bewunderer und Befürworter; Lewitan schreibt von den «obligaten Komplimenten» in der Presse, da «ein Tabu über diesem Namen»[139] zu walten scheine. Ihre außergewöhnliche Tanzgestaltung ist und bleibt ganz an ihre Person gebunden; es scheint, daß man auch in einer veränderten Situation sich nur schwer ihrer künstlerischen Kraft, ihrer Bühnenpräsenz und ihrer Persönlichkeit entziehen kann.

Während im Frühjahr 1930 in München die Proben zum «Totenmal» immer hektischer und aufreibender werden, findet Mary Wigman in Dresden Unterstützung und Halt in Hanns Benkert, dem neuen Mann in der Verwaltung der Schule. Er ist Nachfolger von Ernst Schlegel, der wegen Unstimmigkeiten im Zusammenhang mit dem Schulumbau 1929 die Schule verläßt, *Katastrophe Schlegel! Heller Wahnsinn!* Doch wie so oft bei Mary Wigman liegen Katastrophe und Glück sehr nahe beieinander. Benkert ist ein besonnener Mann, Ingenieur bei den Siemens-Schnuckert-Werken in Sörnewitz bei Dresden (ab 1931 bei Siemens in Berlin, wo er auch wohnen wird), kennt sich aus in Verwaltungsdingen, behält Ruhe und Übersicht, weiß Rat. Mary Wigmans *Hilferuf nach Benkert* wird viel tiefer und verständnisvoller gehört, über die Hilfe hinaus erwachsen Verstehen, Nähe, *Liebe, stark, groß!* Und als er sie im neugekauften Auto von Berlin zu den Proben nach München bringt, ist es die *Hochzeitsreise zu Pfingsten.*[140]

In Hanns Benkert, wie Binswanger um Jahre jünger als Mary Wigman und eigentlich der Freund Hanya Holms, findet sie einen seelischen Halt, wie sie ihn zuvor nicht gekannt hat. Ihre inneren Auseinandersetzungen werden ihr zur *Zwiesprache, bei der Du gegenwärtig bist.* Sie spürt seine männliche Kraft, von der sie als *selbständige, schöpferisch begabte Frau* nicht *überrannt* wird, die ihr aber auch nicht unterlegen ist. *Mich freimachen im Nennen der Ereignisse, mir Klarheit schaffen im Aussprechen, im Niederschreiben. […], ich sehe deine Augen, ich weiß um die Gedanken, die mir gelten, kenne die unausgesprochene Furcht, ich möchte nicht durchhalten.*[141] Mit ihm kann sie ernst sein und auch lachen, mit ihm gemeinsam hat sie die starke Liebe zur Natur, er hat ein Jagdhaus in Jänickendorf außerhalb Berlins, sie werden auch viele Sommer lang die Ferien in einem Bauernhaus in Karlstein in der Nähe von Bad Reichenhall verbringen. Er ist in seiner ruhigen Art *weise*, alles Drängen in ihr findet in ihm eine Ordnung, in allen Schwierigkeiten der Schulführung und auch in der schon bald einsetzenden Bürokratisierung durch das nationalsozialistische Regime *brauche ich deinen Schutz, wie ich ihn nie bisher gebraucht habe*[142]. Ihre

Beziehung hat eine *Einfachheit, als gäbe es keine unerfüllbaren Wünsche.* In Hanns Benkert hat sie einen Partner, der ihr Leben abrundet und ihrer rastlosen Kunst einen ruhigen und verläßlichen Gegenpol bietet. Mit ihm gelingt es Mary Wigman, in ihrem unablässigen Ringen um ihre Identität sich als freie, selbständig schaffende Künstlerin in einer von Männern dominierten Gesellschaft und gleichzeitig als liebende Frau klar zu definieren und zu erleben.

Hanns Benkert, um 1935

Die so hart erarbeitete «Totenmal»-Premiere am 24. Juni 1930 gelingt dennoch nur als «Werkprobe», die in expressionistischer Manier auf ein Gesamtkunstwerk zielende Inszenierungsarbeit Talhoffs findet zu keinem Ende, die Aufnahme bei der Presse schwankt schließlich zwischen Befremden, Skepsis und teilweiser Anerkennung. Auch Mary Wigmans Choreographie erntet unterschiedliche Beurteilung. Doch die Vorstellungen laufen gut besucht bis in den September, danach fällt das Werk in Vergessenheit.

Für Mary Wigman selbst ist es eine wichtige Arbeit; sie nennt es *das reifste und auch erfindungsreichste aller meiner bisherigen Gruppenkompositionen. Es war durch und durch symphonisch gebaut, reiner Tanz, dem keinerlei verbindende Handlung unterlegt war* [143]. Und auch ihr solistischer Part, *Tanz des Leides*, gibt ihr künstlerisch eine tiefe Befriedigung. (Ihr Mitwirken am «Totenmal» wird später von Mary Wigman selbst als ein Grund für die Ablehnung ihrer Person und Arbeit durch die Nationalsozialisten empfunden, dagegen wird es in einer kritischen Stellungnahme von Marion Kant als «eines ihrer herausragendsten Werke einer protofaschistischen Ideologie und ihrer Gebärdensprache» [144] bezeichnet.)

Nach den Anstrengungen dieses Jahres gibt die Italienreise mit Hanns Benkert die verdiente, ersehnte und glückliche Erholung vor ihrer neuen großen Aufgabe: ihrer Tournee durch die USA.

Drei Jahre hintereinander werden Tourneen sie durch die USA führen, und sie werden – vor allem die ersten beiden Soloreisen – ein wahrer Triumph und Höhepunkt ihrer Karriere sein. Die erste Tournee geht vom 22. Dezember 1930 bis zum 13. März 1931, die zweite vom 17. November 1931 bis zum 27. April 1932 und die letzte Reise zusammen mit der Gruppe vom 25. Dezember 1932 bis zum 9. März 1933. Neben jeweils verschiedenen Einzeltänzen (*Drehmonotonie*, *Hexentanz*) ist ihr erstes Programm *Schwingende Landschaft*, das zweite *Opfer* (Premiere 1931), auf der dritten Tournee tanzt sie verschiedene Soloprogramme und mit der Gruppe das neue Werk *Der Weg* (Premiere 1932). Mit ihr reisen Hanns Hasting, für die Rhythmusinstrumente entweder Meta Menz oder Gretl Curth.

Der amerikanische Impresario Sol Hurok hatte sie 1929 unter Vertrag genommen, er und einige der New Yorker Kritiker machen eine brillante Promotion, Mary Wigman ist bei ihrer Ankunft keine Unbekannte mehr. Zudem hat der «modern

«Totenmal» von Albert Talhoff. Regie: Albert Talhoff, Choreographie: Mary Wigman, 1930. Foto vom Atelier Robertson, Berlin

dance» mit den Namen Martha Graham, Doris Humphrey, Charles Weidman und anderen in wenigen Jahren große Erfolge erzielt, und deutsche Tänzerinnen wie Margarete Wallmann und Yvonne Georgi und der Tänzer Harald Kreutzberg vertreten zu der Zeit den neuen Tanzstil auf ausgedehnten USA-Tourneen.

Mary Wigman wird völlig überrascht von dem ihr vorauseilenden Ruf. Die Reporter stürzen bereits auf das Deck der «Bremen», von diesem Moment an bis zur ersten Vorstellung am 28. Dezember 1930 im ausverkauften Chanin Theatre wird sie von einem Termin zum andern gehetzt, Interviews, Pressekonferenzen, Empfänge, Dinners, sie kommt nicht zur Ruhe, ihre Nervosität steigert sich, es steht alles für sie auf dem Spiel, sie weiß, daß sie das Publikum im ersten Moment erobern muß. Voller Angst, verkrampft und zitternd kommt sie auf die Bühne, doch beim Aufgehen des Vorhangs bricht ein minutenlanger Applaus los, nimmt ihr alle Hemmungen und das Gefühl der Fremdheit; *eine große warme Dankbarkeit löst der spontane Willkommensgruß bei mir aus und eine unbeschreibliche Freude, tanzen zu dürfen* [145].

Ihr Gastspiel wird zum Triumph in New York und vielen Städten Amerikas. Die meisten Zeitungen überbieten sich in Lobpreisungen, es gibt nur einige Gegenstimmen aus Ballettkreisen, *Enthusiasten*, *Skeptiker*, *Sachfanatiker* setzen sich auseinander. Im Herbst 1931 wird in New York die erste Mary-Wigman-Schule gegründet, gesponsert von dem Impresario Sol Hurok, geleitet von Hanya Holm, der bis dahin wichtigsten Stütze Mary Wigmans in Dresden.[146] Damit ist für den «German dance» eine Basis geschaffen zu weiterer Kommunikation mit dem «American modern dance».

Im zweiten Jahr ist der Triumph fast noch größer, obwohl das Tanzwerk *Opfer* viel strenger, ernster und inhaltlich schwieriger ist als das Programm im Vorjahr. Es hat die schicksalhafte Unterworfenheit des Menschen zum Inhalt, seine Kraft und Notwendigkeit zu Hingabe und Opfer. Das ganze Werk, aber insbesondere der *Todesruf* vollendet tänzerisch eine Thematik, die Mary Wigman ein Leben lang begleitet hat: der Tod. Das so tief bewegende und doch unerklärliche Erleben beim frühen Tod des geliebten Vaters hat sie immer wieder mit diesem Thema sich auseinandersetzen und schließlich auch tänzerisch umsetzen lassen. Der Tod und *das Ausgeliefertsein an ein unbegreifbar waltendes Gesetz*[147], wie sie es in der Erinnerung an den Vater beschreibt, sind die Grundtendenz dieses Gesamtwerks *Opfer*, das auch Opfer für das Werk bedeutet und das somit auch in *leidenschaftlicher Lust* dem Leben huldigt. In der Spannung des Gegensatzes von Leben und Tod und wieder neuem Leben, die in ihrem mystischen Urgrund eins sind, entfaltet sich das Tanzgeschehen. Aus den sich gegenseitig bedingenden Kontrasten von Licht und Dunkel, Gebundenheit und Freiheit, Bewegung und Ruhe, Wille und Hingabe, Lebenskraft und Opfer bauen sich ihre Tänze auf, ja grundsätzlich ihre geistige Welt. Damit gestaltet sie in *Opfer* konzentriert ihr Lebensthema, was letztlich immer die Basis ihrer großen Tanzthemen gewesen ist.

Rudolf Bach über *Todesruf*: «Mary Wigman tanzt den Tod und das Leben, Rufer und Gerufenes […] als synthetische Struktur, in der beide Figuren ganz klar eins werden, ohne von ihrer polaren Spannung das geringste aufzugeben. Da ist der wartende Tod schon das nahende Leben und das Leben trägt schon die Züge des Todes.»

«Todesruf» («Opfer»). Foto von Charlotte Rudolph, Dresden

Diese zweite Amerika-Tournee hat einen noch komprimierteren Terminplan als zuvor, die Reise geht quer durch das ganze Land bis zur Westküste, kaum hat sie Zeit, Landschaften und Menschen kennenzulernen (in Los Angeles besucht Albert Einstein sie hinter der Bühne), *abends totmüde, husch husch in den Sleeper, das ganze Leben ein Transport,* die Strapazen hält sie jedoch *mit beinah unverständlicher Elastizität* [148] durch, die hartverdienten Dollar sind dringend nötig.

«Zuerst war ich ganz bestürzt. Dann fühlte ich, daß man Ihnen glauben muß. Da war so viel Kraft, so viel Höhe und Tiefe, Schönheit und Entsetzen, genau das, was man empfindet, wenn man zusieht, wie unsere Wolkenkratzer gebaut werden.»

Aus dem Brief einer jungen Amerikanerin.

Das dritte Gastspiel *Der Weg* mit der neu aufgebauten Gruppe wird kein großer Erfolg, ihre Solonummern werden zwar gefeiert, aber unter tanzenden Mädchen stellt Amerika sich «Glamour» und «pretty girls» vor und nicht «eine ganze Gruppe breithüftiger, dickbeiniger deutscher Mädels in Badeanzügen und weiten Röcken», wie Sol Hurok in seinen Memoiren schreibt.[149] Auch finanziell ist diese Tournee eher unergiebig.

Tanzabend in San Francisco, 1932: «Zigeunerweisen» («Schwingende Landschaft») Am Klavier: Hanns Hasting, daneben Gretl Curth

«Dem Tanz die Treue bewahren» (1933–1942)

Bleiben: In schwerer Zeit

Als Mary Wigman am 16. März 1933 aus den USA zurückkehrt und nach dem ersten Wiedersehen mit Hanns Benkert endlich in Dresden ankommt, muß sie feststellen, daß sich das Leben in Deutschland verändert hat: Das ist *kein Regierungswechsel, sondern Revolution. Seltsam!! Wohin geht das?* [150] Es gibt sofort Bürokratisches zu tun; die ersten Unterredungen mit offiziellen Stellen ergeben, daß sie für ihre Tanzgruppe keine Subventionen mehr bekommt, sie auflösen muß. Den Boykott der jüdischen Geschäfte am 1. April sieht sie bei einer *Fahrt durch alte Stadtviertel Berlins*, kein Kommentar im Tagebuch, abends bei Freunden dann eine *interessante Auseinandersetzung*. Kurz danach wundert sie sich, *fassungslos über das Toben der Haßinstinkte* bei der Bücherverbrennung am 10. Mai, in einem Brief an Martha Reuther, *daß die Regierung nicht in der Lage ist, die Angelegenheit absolut zu regeln*[151]. In ihrer Schule gibt es Verdächtigungen aller Art, Denunziation, Verhöre, Hausdurchsuchung, Kommunistenhetze. Sie wird ins Volksbildungsministerium *in Sachen soziale Kurse* einbestellt, hat *Besuche vom Amt für Leibesübungen*. Sie notiert *Hitlers Geburtstag*, am nächsten Tag eine *Konferenz mit Huber, Berlin, DKV*. Der DKV ist der «Deutsche Körperbildungsverband», dem die Wigman-Schulgruppe (das Zentralinstitut und die Zweigschulen) in den folgenden Monaten kollektiv beitritt und in dessen Vorstand Mary Wigman für die Wigman-Schulgruppe die ständige Vertretung übernehmen wird. Die offiziell sofort eingeleitete «Gleichschaltung» fordert Besprechungen, Konferenzen, Zusammenschluß, die Wigman-Schule und ihre Zweigschulen (ebenso die Palucca-Schule, Dresden, und die Trümpy-Schule, Berlin) werden im Juli 1933 gleichzeitig dem «Kampfbund für Deutsche Kultur» und dem «Nationalsozialistischen Lehrerbund»

Mary Wigman, 1932. Foto von Albert Renger-Patzsch, Essen

(NSLB) angegliedert[152]; Mary Wigman übernimmt die Ortsgruppenleitung der «Fachschaft Gymnastik und Tanz» im Nationalsozialistischen Lehrerbund in Dresden, die sie bereits ein halbes Jahr später wieder abgibt. «Reichsführer» der Fachschaft ist Dr. Rudolf Bode, den sie noch als Tänzer aus Hellerau kennt und der künftig bei ihren Schulprüfungen anwesend sein wird.

Ihre Schule untersteht dem neuen Gesetz «Gegen die Überfüllung deutscher Schulen und Hochschulen» vom 25. April 1933, welches «auf öffentliche und private Schulen gleichermaßen Anwendung» findet und das die Anzahl der bisherigen und neu aufzunehmenden «Nichtarier» regelt.[153] Diese Beschränkung versucht Mary Wigman mit einem sofortigen Gesuch zu umgehen, ihr werden «ausnahmsweise 5 % Schülerinnen nicht-arischer Abstammung» genehmigt, aber nur für den «Lehrgang ab Sept. 1933»; gleichzeitig werden die Lehrkräfte nach ihrer «arischen Abstammung» befragt, 1935 wird von Mary Wigman ein zweites Mal der «Ariernachweis» angefordert.[154] Die Schülerzahl stagniert, die Schule ist finanziell akut gefährdet, *die Hakenkreuzfahne schreckt die Ausländerinnen ab, da ist gar nichts zu machen. Die Jüdinnen kommen natürlich auch nicht mehr, wenigstens keine neuen, trotz einer ministeriellen Spezialgenehmigung.*[155] Wie Mary Wigman die heute so eindeutig erscheinende Entwicklung aufnimmt, läßt sich schwer sagen; ihre Zeit ist wie immer extrem ausgefüllt, sie arbeitet *besessen*, immer neue administrative Schwierigkeiten kommen hinzu. Am Ende des Jahres 1933 notiert sie: *[…] unendlich schweres Jahr, die Gruppe, der Finger, Finanzlage USA, Rückkehr, das neue Deutschland, die Gleichschaltung der Schule!!! Und das neue Jahr???* Sie wird es als *noch schwerer* erleben.[156]

Am 13. März 1933 war das «Reichsministerium für Volksaufklärung und Propaganda» unter Reichsminister Joseph Goebbels gegründet worden; im weiteren, diesem unterstellt, die «Reichskulturkammer» (RKK) mit ihren Kammern für die einzelnen Kunstsparten, davon eine die «Reichstheaterkammer» (RThK) mit u. a. der «Fachschaft Bühne» für die Bühnenkünstler und der «Fachschaft Tanz» für die freien Tänzer, Bewegungschorleiter und die jeweiligen Lehrkräfte. Daneben organisieren sich der NSLB, der «Kampfbund für Deutsche Kultur» und andere berufsständische Verbände innerhalb der NSDAP, die sich anfangs untereinander noch die Kompetenzen streitig machen.[157] Alle Kunst- und Kulturschaffenden sollen in solch öffentlichen Körperschaften zusammengefaßt werden[158], die Mitgliedschaft wird im Sinn der «Gleichschaltung» zur Stabilisierung und Kontrolle der Machtbasis sofort zwingend und bindend für die Berufsausübung. «Damit ist die RKK mit all ihren Unterkammern ein Synonym für Zensur, kulturelle Bevormundung und Unterdrückung.»[159]

7. 4. 1933: Gesetz «Zur Wiederherstellung des Berufsbeamtentums», damit Ausschaltung aller «nichtarischen» Beamten («Arierparagraph»). Auf dieses Gesetz wird sofort und grundsätzlich auch bei Nicht-Beamten und im kulturellen Bereich Bezug genommen. 25. 4. 1933: Gesetz «Gegen die Überfüllung deutscher Schulen und Hochschulen», gilt für öffentliche und private, auch Kunst-Schulen. 22. 9. 1933: «Reichskulturkammergesetz», wodurch Juden von der Betätigung im «Kulturleben des Deutschen Volkes» ausgeschlossen sind.

Dabei geht es von vornherein um die «rassische» und politische «Zuverlässigkeit» der einzelnen Mitglieder, ebenso um inhaltliche Fragen aller künstlerischen Aktivitäten und natürlich auch um die wirtschaftlichen Fragen der Künstler und der Kunstproduktion. Künstlerisch-ästhetische, politisch-ideologische und wirtschaftliche Aspekte werden also vermischt und können so vom Machtapparat strategisch, das heißt für jegliche Art von Vorschriften und Zensur genutzt werden. Hier liegt die strukturelle Wirksamkeit der nationalsozialistischen Kulturpolitik. Gleichzeitig gibt es in alle Richtungen Vorlieben, Gönner und Schützlinge [160], Mißfallen, Bevorzugung, Ausnahmen [161], Härtefälle [162], persönliche Konsequenzen [163], vor allem aber Willkür und Unberechenbarkeit und allseits die Versuche, persönlichen Vorteil zu erlangen. Viele der bis dahin maßgeblichen Persönlichkeiten in Tanzwesen und Tanzpublizistik behalten ihre Positionen, avancieren gar an höhere Stellen, nicht selten dank vorauseilendem Gehorsam [164]. Andererseits werden die aus politischen oder «rassischen» Gründen «untragbaren» Künstler sehr schnell aus ihren Ämtern entfernt oder müssen fliehen, manche können sich noch wenige Jahre im neugegründeten «Jüdischen Kulturbund» (1933–1941) künstlerisch betätigen. Mit alldem ist Mary Wigman von Anfang an mehr oder weniger wissend konfrontiert.

Die Frage, inwieweit der Tanz, mehr noch der Podiums- und Ausdruckstanz der Weimarer Zeit (nicht aller Podiumstanz ist «Ausdruckstanz»), eine essentielle Affinität zum Nationalsozialismus hatte, ist in letzter Zeit mehrfach untersucht worden.[165] Es zeigt sich, daß eine polarisierende und ausgrenzende Beurteilung einzelner Tanzkünstler unter dem Kriterium Kollaboration oder Widerstand dem Gesamtphänomen nicht gerecht wird. Ebenso wird die komplexe inhaltliche und ästhetische Entwicklung des vielseitigen Kunsttanzes und seiner Protagonisten übersehen, wenn man gewisse Erscheinungen dort mit Inhalten und Zielen des Nationalsozialismus eindeutig gleichsetzt. Kunstimmanente und politische Aspekte korrespondieren zwar, gehorchen aber jeweils eigenen historischen und persönlichen Bedingungen.

Wenn der Tanz im gesamtgesellschaftlichen Spektrum fast immer eine Randerscheinung war, so bleibt er es auch im NS-Staat. Doch der immanente Körperkult allen Tanzes und sein Gemeinschaftserlebnis entsprechen in einigen Facetten der NS-Ideologie; eine allgemeine Förderung des Tanzes scheint nützlich, sowohl zur Gleichschaltung als auch zur allgemeinen Arbeitsbeschaffung.[166] Dabei werden alle Formen des Tanzes dem Kulturprogramm der Nationalsozialisten untergeordnet, sowohl der Podiums- und Gruppentanz in all seinen Stilrichtungen als auch Labans monumentale Großtanzveranstaltungen mit Laienbeteiligung, auch Revue, Show und Kabarett, der Theatertanz, Gesellschaftstanz, Volkstanz, Laientanz und die Bewegungschöre, natürlich auch die Schulen für künstlerischen Tanz und Gymnastik. Der Widerstand gegen organisatorische Zusammenschlüsse bleibt gering.

Ein Konzept hinter der NS-Tanzästhetik und deren politischer Umsetzung wird erst deutlich, als sich die Macht der Nationalsozialisten unerwartet schnell und problemlos festigt.

Zuerst herrschen zwischen den Entscheidungsbefugten große Meinungsunterschiede, Rivalitäten und Einflußbestrebungen; eine generelle Beurteilung von Ästhetik, Prestige, Ordnungs- und Erziehungseffekt, Massenmanipulation und Zielorientierung durch den Tanz zeichnet sich erst im Lauf der Jahre ab. In der Tanzdemonstration «Olympische Jugend» vor der Olympiade 1936 in Berlin (und der Olympiade selbst) und dem Hitler-Huldigungsspektakel im Juli 1937 zur Eröffnung der «Deutschen Kunstausstellung» in München manifestiert sich die unangefochtene Machtposition der Nationalsozialisten nach außen wie nach innen; das verschleierte Kriegsziel und der magisch-utopische wie rassistische Größenwahn haben endgültig Position bezogen. Die Ziele, auch der Kulturpolitik, können nun klar gesehen und offensiv verfolgt werden.

Ob der «Ausdruckstanz» im Dritten Reich als «entartet» gilt oder nicht, ist bisher unterschiedlich bewertet worden, wobei die Diffamierung «entartet» offiziell erst ab 1937 gilt. Der Begriff «Ausdruckstanz» wird schon bald untersagt, er heißt nun «tänzerische Körperbildung», ab 1937 «moderne Tanztechnik». Wie andere Tanzveranstaltungen wird auch der Podiumstanz in all seinen Stilrichtungen zensiert, auf «artfremde» Einflüsse überprüft, aber weiterhin als Kultureinrichtung und in KdF-Veranstaltungen, als Exportartikel «im Sinne der Verständigung» und schon bald zur Truppenbetreuung gebraucht. Mary Wigman als Exponentin des «Ausdruckstanzes» wird auf administrativem Wege zurückgedrängt.

Bereits in den Jahren vor 1933 war das Kollektiv als grundlegend positive Gemeinschaftserfahrung bewertet worden, besonders im Gruppentanz und Laientanz, in Bewegungschören, in sozialistischen Tanzgruppen der Arbeiterbewegung, meist mit erzieherischem Hintergrund, auch zur Entspannung oder «Festgestaltung». Hier knüpft die nationalsozialistische Ideologie an, sie benutzt diese Gemeinschaftserlebnisse zur Selbstinszenierung mit Jugendgruppen, Spielscharen, Turnfesten, Tanzspielen, Trachtenumzügen, Fackelaufmärschen, mit Licht, Glanz, Riten und Symbolen, mit Heiterkeit und Spielen in der Gemeinschaft, mit «Kraft durch Freude». Darin können Tänzer eine Fortsetzung gewisser tänzerischer Intentionen sehen. Die von Laban noch in den Zürcher Jahren beschworene «gemeinschaftliche Erhebung» im Gemeinschaftstanz als «Freiheit der Einzelpersönlichkeit und Entfaltungsmöglichkeit vieler unterdrückter Keime», als «Schönheitswunsch, Freiheitswunsch, Gewissensnotwendigkeit»[167] – diese idealisierten Gemeinschaftserlebnisse gehen in einem teils unmerklichen, teils forcierten, nahezu osmotischen Prozeß in die NS-Ideologie über. Sie werden von dieser

Der Schriftsteller **Harry Mulisch** bezeichnet Hitler als den «eigentlichen entarteten Künstler». «In der totalen Disziplin seines Körpers und in den monsterhaften Paraden und Aufmärschen [...] war er ein Bewegungskünstler, ein Tänzer, ein Ballettmeister des Todes. Die Choreographie dieser großen faschistischen Totentänze entstand weniger aus preußischem Militarismus, denn aus dem Expressionismus, aus dem Theater von Piscator und dem Ballett von Mary Wigman [...]. Es war die Ehe zwischen Klassizismus und Expressionismus, zwischen Apollo und Dionysos: die realisierte Tragödie im Sinne Nietzsches. Seit die Menschheit existiert, wurde die schöne Form nie derart mißbraucht und in den Dienst des Bösen gestellt.»
(In: Die Entdeckung des Himmels. München 1993, S. 609)

schließlich zu ihren eigenen Machtzwecken instrumentalisiert, werden mit faschistisch-rassistischen Zielvorstellungen verbunden und demagogisch verwendet. Diesen Prozeß scheinen viele Tänzer nicht rechtzeitig wahrzunehmen, oder sie wollen ihn tatsächlich akzeptieren, ihn zumindest, aus Überzeugung oder aus Ratlosigkeit, opportunistisch oder mit Bedenken, dulden.

Auch Mary Wigman hat in ihrem völlig unpolitischen Denken und in ihrem egozentrischen Weltbild keine kritische Meinung: Das politische Programm der neuen Machthaber interessiert sie nicht, allerdings erliegt sie der konservativ verbrämten Agitation Hitlers, den Phrasen vom «deutschen Wesen», der «nationalen Ehre» und von der «Erneuerung Deutschlands» nach dem politischen und wirtschaftlichen Niedergang der vergangenen Jahre. Hitlers Reden, die Willensstärke und Durchsetzungsvermögen signalisieren, machen Eindruck auf sie, sie glaubt seinen emotional aufgeladenen Worttiraden. Die Legitimität seiner Macht zweifelt sie nicht an; von staatlichen Willkürmaßnahmen ist sie vorerst eher irritiert, als daß sie besorgt wäre; Ausschreitungen hält sie, wie andere auch, für die typischen Anfangsschwierigkeiten, *selten sind es die offiziellen Stellen, die sich dazu hergeben, in illegaler Form etwas zu tun* [168]. Ihr Verhältnis zu staatlichen Stellen ist das der Abhängigkeit, sie braucht Anerkennung, Wohlwollen und Entgegenkommen, um der finanziellen Unterstützung willen. Kompromißlos bleibt sie allein in ihrer künstlerischen Verantwortung, dafür hat sie anfangs alle Schwierigkeiten, Hunger und Lächerlichkeit auf sich genommen; für sich als einzelne konnte sie dies hinnehmen, für ihre Schule und für ihre Tanzgruppe braucht sie öffentliche Subventionen, jetzt ebenso wie schon zuvor, und die schwierigen Verhandlungen darum haben sich kaum geändert. Aus dem üblichen Respekt gegenüber Regierung und öffentlichen Anweisungen verlangt sie von sich eine gewisse Bereitschaft mitzuarbeiten, auch wenn die *dauernden Besprechungen* lästig sind, mal *Propag. Ministerium,* mal *NSLB, Reichsverband* und wieder *Ortsgruppensitzung – zum Kotzen! Immer Gespräche über Zukunft.* [169] Nicht nur in der Rivalität zu Laban (der seit 1930 Leiter des Staatsopernballetts in Berlin ist), wessen Stimme mehr Gewicht habe in den entscheidenden Fragen des künstlerischen Tanzes und der Tanzpädagogik, sondern generell ist sie sich ihrer Bedeutung und Verantwortung bewußt, schließlich ist ihre Schule in Dresden ein «Zentralinstitut des Deutschen Tanzes». Sie erkennt klar ihre Funktion: Sie ist kraft ihrer künstlerischen Autorität, ihres Ansehens und ihrer Persönlichkeit diejenige, die die Besprechungen führen muß, um die Richtung zu wahren und für den «Deutschen Tanz» das Notwendige durchzusetzen.

Auch ist sie beeinflußt von Hanns Benkert, der zumindest mit den Wirtschaftsprogrammen der Nazis sympathisiert und in den Berliner Siemens-Werken schon bald in wirtschaftspolitisch verantwortlicher Position stehen wird. Hanns Benkert wird in den kommenden Jahren Karriere machen. Unter dem Eindruck seiner politischen Überzeugung gibt es für Mary Wigman kaum Fragen. Auch das bürgerlich-konservative Ambiente, das sie als Kind geprägt hat und mit dem sie durch Benkert wieder mehr in Berührung kommt, wirkt nach. Ihr persönlicher, künstlerisch-exzentrischer Lebensstil hat sich gewandelt, sie ist arriviert, ist eine Person der Öffentlichkeit, die nun dem öffentlichen Leben ihrerseits Achtung entgegenbringt, die also nicht Widerstand, sondern Haltung von sich fordert. Bezeichnend dafür ist, was sie am 10. September 1939 nach Kriegsbeginn aufschreibt: *Es darf keine Frage mehr geben, es darf keine Kritik mehr geben, es gibt nur mehr das eine: eine anständige, eine deutsche Haltung.*[170] Und das, obwohl sie inzwischen vom Kunstbetrieb offiziell ausgeschlossen ist. Haltung, Verantwortung, Loyalität, Vertrauen und Treue hat sie immer von sich ge-

Hanns Benkert (1899, Würzburg – 1948, Berlin), Ingenieur, im Vorstand der Siemens-Werke Berlin, Parteimitglied ab Mai 1937, seit 1938 Leiter der zentralen Werksverwaltung. In «Siemens 1918–1945» (München 1995, S. 214) schreibt der Historiker Wilfried Feldenkirchen über Benkert, der nicht entnazifiziert wurde, daß das Verhalten «einzelner Führungskräfte auf Grund ihrer nationalen nicht aber unbedingt nationalsozialistischen Einstellung im vermeintlichen nationalen Interesse […]» schwer zu beurteilen sei.

fordert[171], sie setzt dies auch bei anderen, natürlich auch bei der Politik voraus.

Bereits 1935 erscheint ihr Buch *Deutsche Tanzkunst.* Hierin äußert sie sich zu dem, was sie unter «deutschem Wesen» und «deutschem Tanz» versteht: *Es ist die geistige Grundlage, das hinter den Dingen Wirksame, es ist die Art, das Stoffliche zu meistern, was dem Kunstwerk das Gepräge gibt und es im tiefsten Sinne als deutsch kennzeichnet.*[172] Es ist das Tiefgründige, das Idealische und Metaphysische im Menschen, das *Erleben auf der irrationalen Ebene,* welches in der Kunst *umgeschmolzen wird in die überpersönliche Aussage.* Für sie ist der *neue deutsche Tanz nicht das Resultat eines vorgefaßten Programms. […] [Er ist] ein Ringen […] um Wesenhaftes, um Mensch und Schicksal, um Ewiges und Vergängliches […]; daß dieser Tanz der uralten, der faustischen Sehnsucht nach Erlösung zu allerletzter Lebenseinheit Gestalt gab, das macht sein Deutschtum aus. Von diesem geistigen Hintergrund aus wertete das Ausland unseren Tanz und nannte ihn deutsch.*[173] Damit sagt Mary Wigman kaum etwas Neues, es ist ein Bekenntnis zu ihrer eigenen Entwicklung und zum Urelement ihres Tanzes aus der expressionistischen Lebensprägung heraus, deren deutlichste Sprache der Ausdruckstanz gewesen ist. Das deutsche Wesen wurzelt für sie im (den Deutschen zugesprochenen) Ringen um innerste Einheit von Körper, Seele und Geist, auch von Geist und Natur, von Leben und Kunstschaffen. Als schwer und tiefgründig, schicksalsträchtig, überpersönlichen Idealen verpflichtet und von mystischem Impuls gespeist hatte man ihren Tanz immer schon empfunden und darin ein «germanisches» oder «deutsches» Element gesehen.[174] (Wie schon im sogenannten Böcklin-Streit von 1905 der Unterschied zwischen «deutschem Tiefsinn» und französisch-impressionistischer Leichtigkeit kritisch festgestellt wurde.) Anklänge an ihre Gedanken findet sie im propagandistisch aufbereiteten Ideologiegemisch der Nationalsozialisten wieder, in dem Wesen und Schicksal mystifizierend mit «Rasse» und «Volkswille» oder «Volksgemeinschaft» gleichgesetzt, dem «Führer» überpersönliche Heilserwartungen entgegengebracht und Dienst an der Gemeinschaft gefordert werden. Deshalb knüpft sie auf künstlerischem, im weiteren auch auf politischem und ökonomischem Gebiet anfänglich Hoffnungen an die neue Politik. In ihrem Buch spricht sie allerdings nicht von der Allgemeinheit, sondern immer nur vom «deutschen Künstler». Dabei wirkt ihre Diktion erschreckend angepaßt – es sei jedoch darauf hingewiesen, daß der Philologe Viktor Klemperer im damaligen allgemeinen Sprachgebrauch «überhaupt keine Unterschiede» mehr feststellt, «fraglos waren alle, Anhänger und Gegner, Nutznießer und Opfer von den selben Vorbildern geleitet»[175].

Mary Wigman hat von jeher jüdische und ausländische Freunde und Schülerinnen und will die jüdische Tänzerin Pola Nirenska noch 1935 für den Sommerkurs als Lehrkraft einstellen[176]. Sie macht nirgends rassistische Andeutungen, hat sich allerdings über die Ausgrenzung und Verfolgung der Juden in ihren Aufzeichnungen nicht geäußert. Die Abwesenheit von Elis Griebel, ihrer langjährigen Kostümbildnerin und Schneiderin, mit der sie auch privat verkehrte, vermerkt sie kommentarlos im Tagebuch, schreibt aber in einem Brief, daß sie über deren spurloses Verschwinden nichts erfahre.[177] Zu *Clärchen Goldschmidt nicht mehr da, Selbstmord*[178] (1934) findet sich keine weitere Anmerkung. Abgesehen sicherlich von einer gewissen Vorsicht im Tagebuch – es muß in ihrer sensiblen, nachdenklichen Natur den Punkt gegeben haben, wo sie ahnt, vielleicht auch weiß, was im nationalsozialistischen Deutschland geschieht, es aber nicht mißbilligt, sich darüber hinweggesetzt, es nicht wahrhaben will und verdrängt, wo sie einer Auseinandersetzung und Klärung und einer (auch nur verbalen) Konsequenz ausweicht.

Der Status von Mary Wigman im Propagandaministerium und in der «Reichstheaterkammer» ist von vornherein zwiespältig. Einerseits sieht man ihre künstlerische Bedeutung für die Bühne, vor allem ihre daraus resultierende internationale Popularität und Autorität. Man will sich ihrer versichern für die «Tanzgruppenarbeit an den Meisterwerkstätten», da dies, als Domäne des modernen deutschen Tanzes, zur qualitativen Ausbildung für die Tanzwettspiele notwendig erscheint – wenngleich Goebbels persönlich einen andern Tanzstil bevorzugt, «Tanz muß beschwingt sein und schöne Frauenkörper zeigen», und den «philosophischen Tanz der Palucca, Wigman u. ä.»[179] ablehnt. Andrerseits gewährt man Mary Wigman ab 1936 keine Unterstützung mehr.[180] Für die 1934 gegründete «Deutsche Tanzbühne» gibt man ihr nur einen Gastlehrvertrag und ebenso an den 1936 erweitert eingerichteten «Deutschen Meisterwerkstätten für Tanz».[181] Den Beamten ist Mary Wigman nicht konform und nicht eilfertig genug, sie stellt Forderungen, anstatt ergebene Angebote und Vorschläge zu machen. Sie bleibt immer noch ihren Maßstäben treu, will eine individuell-künstlerische Aussage, will mit ihrem Tanz seelisch berühren und nicht revueartig erheitern. Und genau das soll nicht sein, man will Optik und keine Emotionen. So ist sie als Exponentin des «Ausdruckstanzes» der «degenerierten» expressionistischen «Systemzeit» unter dem «Blickwinkel der Erneuerung Deutschlands»[182] unbrauchbar, man will sie loswerden. Doch sie selbst durchschaut weder künstlerisch noch politisch die Situation, versteht nicht, warum ihr «Deutscher Tanz» der neuen deutschen Weltvorstellung nicht entspricht, *ich finde mich in dem Wirrwarr nicht zurecht*[183]. Sie ist in ihrem Selbstverständnis getroffen, will kämpfen, will ihr tänzerisches Lebenswerk und das für die Tänzer und Zuschauer errungene Terrain nicht verloren geben, *ich darf das doch nicht zulassen*[184]. Sie nimmt den rein ideologischen Gehalt in der vermeintlich künstlerisch-administrativen Auseinandersetzung nicht wirklich wahr. Sie überlegt: *[...] die Presse vor 33, das Totenmal, die USA, die Jüdinnen in der Gruppe, mein Verhalten seit 33, Zurückhaltung, was als Opposition aufgefaßt wird*[185]. Mary Wigman erscheint hier zwar kämpferisch (für den Tanz, nicht gegen den Nationalsozialismus), doch egozentrisch, hilflos und uneinsichtig.

Mary Wigmans Verhalten wurde auch als «durchaus bereitwillige» Zusammenarbeit mit dem Hitler-Regime[186] interpretiert. Zweifellos hat Mary Wigman keinen Widerstand geleistet, mehr noch, sie hat durch ihr Verhalten dazu beigetragen, daß die Ideologie und damit die menschenverachtende Macht der Nationalsozialisten mit all ihren furchtbaren Folgen sich etablieren und festigen konnte. Ein politisches, gar für Tagespolitik sensibles Bewußtsein besaß sie nicht, auch keine «deutschnationale Gesinnung» (und schon gar keine den Nazis nahe Weltanschauung); sie sah sich weder in geschichtlichen noch sozialen Zusammenhängen. Als ein Kind des späten 19. Jahrhunderts und des Kaiserreichs blieb sie in ihrem konservativ-bürgerlich geprägten Weltbild die individuelle Künstlerin außerhalb der Gesellschaft. Sie empfand sich nur sich selbst gegenüber verantwortlich, alle äußeren Gegebenheiten hat sie von jeher angenommen als Bedingungen, die es zu meistern galt im Sinne einer individuellen Lebensaufgabe. Und Leben war für sie Schicksal in übergeordneten, kosmischen Zusammenhängen, dem einzelnen verpflichtend anheim gegeben. Auch Tod und Krieg hatten schicksalhafte Dimensionen, ihren heroisch-majestätischen Charakter verloren sie erst in den Bombennächten.[187] In allen Schwierigkeiten ihres Lebens sah Mary Wigman sich persönlich vor Herausforderungen und Verantwortungen gestellt, und sie vertraute auf ihre elementare Kraft zu kämpfen, zu schaffen, zu ertragen und zu überwinden. Dabei durchschaute sie allerdings andere Menschen nicht, ließ sich von Worten, Auftreten, Positionen blenden, von pathologischen Erzählungen einer Schülerin[188] ebenso wie von politischen Phrasen. In ihrer narzißtischen Haltung, ganz ich-bezogen und gegenwartsgebunden, gleichzeitig aber auch in ihrer fundamentalen Schaffenskraft urteilte sie nach Kriterien des eigenen Vermögens und nicht nach allgemeinen Kategorien. In einer extremen Diktatur wie der nationalsozialistischen zeigt sich, wie schmal für jeden einzelnen der Grat ist zwischen Verantwortung und Sich-nicht-Einmischen, zwischen Hilflosigkeit und Gleichgültigkeit oder Ignoranz, zwischen Nicht-Wahrnehmen und Nicht-Handeln, zwischen Versagen und Schuld.

Ausklang: Abschied und Dank

Die Arbeit Mary Wigmans in der Schule begegnet nach 1933 zunehmend größeren Schwierigkeiten. Es müssen Kurse zu Erb- und Rassenkunde eingeführt werden, später obligatorisch klassischer Tanz, auch Demonstrations- und Werbeveranstaltungen für Körper- und Laienarbeit. Im Herbst 1933 beginnt Mary Wigman eine Tournee, die sie wegen eines komplizierten Armbruchs unterbrechen muß, aber aus finanziellen Gründen von Januar bis April 1934 unter Schmerzen weiterführt.

In Vorbesprechungen, dann offiziell ab September 1934 übernimmt der Gymnastiklehrer Hans Huber «die pädagogische Leitung des Instituts», unterrichtet Erb- und Rassenkunde und wird neben Mary Wigman der wichtigste Mann in der Schule. Sie bezeichnet ihn zwar einmal als *netten Kerl*[189], aber zweifellos sorgt er für die «rechte» Ordnung, er ist seit 1931 Parteigenosse[190]. Der unglaublich hohe Arbeitsaufwand und die «gleichgeschaltete» Schulsituation sind zermürbend, *keine Privatexistenz mehr*, notiert sie im Herbst, *Gefängnisleben hier im Haus. Nichts zu machen.*[191]

Im Juli 1934, auf einer Sitzung im Propagandaministerium zur Planung der von Laban angeregten und von ihm geleiteten «Deutschen Tanzfestspiele 1934», werden ihr Gelder für eine neue Gruppe und für die Schule zugesichert. Außerdem wird sie in die Jury für die Nachwuchsauswahl bestimmt. Mit dem neuen Festspielprogramm *Frauentänze*, welches sie mit stark

«Lobgesang» («Tanzgesänge»), 1935

zurückgenommenem Ausdruck (Tänzerinnen *schwerfällig, zum Auswachsen – Kontrolle Stunden, Huber wirkt sich schon aus*[192]), ganz unindividuell als Gemeinsamkeit des Frauenschicksals deutlich dem neuen Frauenbild anpaßt, erntet sie großen Erfolg, der sie selbst erstaunt und beglückt. Trotzdem bekommt sie nur ein *Taschengeld für die Gruppe, Mißachtung des Künstlers, es kotzt mich an. Qualvoll die Abhängigkeit von den Beschlüssen anderer, siehe Tanzbühne, Ministerium, etc, Vergewaltigung der Kunst*[193]. Sie kann nicht freizügig disponieren, muß ihre Tourneen (auch mit der Gruppe) ausweiten, bis Bunzlau und Allenstein, *neun Stunden Bummelzug, tödlich*[194], eine *Höllenfahrt*, doch ohne irgendeinen finanziellen Ausgleich.

Zum nächsten Programm *Tanzgesänge* für die «Deutschen Tanzfestspiele 1935» meint Ministerialrat von Keudell in einer Programm-Empfehlung an Goebbels unter anderem, daß «Mary Wigman nebst ihren Meisterschülerinnen [dabei Dore Hoyer und Drucilla Schroeder] am 9. November ganz große Kunstwerke zeigen werden, um die uns das Ausland beneiden kann»[195]. Im Gegensatz dazu schreibt Goebbels über die Tanzwettspiele auf der Dietrich-Eckart-Bühne 1936 in sein Tagebuch: «[...] frei nach Nietzsche, eine schlechte, gemachte und gekünstelte Sache. Ich inhibiere vieles. Das ist alles so intellek-

Proben für das Vorspiel zur Olympiade 1936

tuell. Ich mag das nicht. Geht in unserem Gewande daher und hat garnichts mit uns zu tuen.»[196] Der künstlerische Tanz ist für die Partei nur Prestigeobjekt.

Wie andere auch erhält Mary Wigman die Aufforderung des Propagandaministeriums, an der Eröffnungsfeier der Olympischen Spiele am 1. August 1936 mitzuarbeiten. Für diesen Anlaß hat Carl Diem das gigantische Festspiel «Olympische Jugend» entworfen, Hans Niedecken-Gebhard inszeniert zur Musik von Werner Egk und Carl Orff ein Tanzspiel in vier großen Einzeldarbietungen: Dorothee Günther leitet die Kinder- und Jugendspiele, Gret Palucca tanzt darin einen Walzer; Harald Kreutzberg choreographiert in der vierten Einzeldarbietung den «Waffentanz» «(mit Schwerttod endend)»; und den letzten Teil dieses Bildes, die «Totenklage», choreographiert und tanzt Mary Wigman mit 80 Tänzerinnen[197]. Niedecken-Gebhard sieht im letzten Bild «die heldische Tat kämpfender Krieger und die Feier für die gefallenen Helden», die ausschwingt «in eine von tiefstem Ernst erfüllte Totenklage», in die hinein dann der Schlußhymnus, Beethovens 9. Symphonie mit Schillers Worten «An die Freude», klingt, «diesen Kuß der ganzen Welt, geformt von zwei großen Deutschen»[198]. Hier wird den Gästen aus aller Welt das heroische Bild des Kriegers und seines «ehrenvollen» Todes als verbrämte Voraussage des schon beschlossenen Kriegs vorgeführt.

Für Mary Wigman ist die «Totenklage» eine wichtige, aber mühevolle Großaufgabe, die Musik von Hans Werner Egk ist ihr zu spröde, *nicht körperlich*, die Arbeit auf dem Reichssportfeld *qualvoll im Kampf um Raum und Gestalt* [199], doch insgesamt empfindet sie das Massenspektakel als eine künstlerische Herausforderung. Die Tanzwettspiele 1936 unmittelbar vor der Olympiade, bei denen es zum Eklat kommt, als Martha Graham und die Tänzer aus den USA wegen der rassistischen Agitation Hitler-Deutschlands ihre Teilnahme verweigern, bringen Mary Wigman einen persönlichen Erfolg. An Martha Reuther, mit der sie (weit über die Finanzhilfe hinaus) zeitlebens eine *echte Frauenfreundschaft* voller Liebe und tiefstem Verstehen verbindet, schreibt sie mit einem *Gruß aus der Hölle. Kein Zuschuß mehr. Letzter Tanzabend*, daß die indischen Gäste ihr auf offener Bühne eine Blumengirlande umhängen mit den Worten *«Die Indischen Tänzer grüßen die größte Tänzerin Europas»* [200]. Kurz danach, am 23. August, stirbt die geliebte Mutter.

Amalie Wiegmann, gegen Ende der zwanziger Jahre

Ein weiteres Mal versucht die Propagandaleitung, sich der Bedeutung Mary Wigmans zu bedienen und fordert sie zur Mitwirkung auf an einer Huldigung für Adolf Hitler in München, am Tag der Eröffnung des «Hauses der Deutschen Kunst», dem 18. Juli 1937. Sie muß persönlich zu Besprechungen in München erscheinen, erkennt sofort das völlig unkünstlerische *Schau-Ereignis*, fühlt sich überrumpelt und gemaßregelt, empfindet gleichzeitig aber die choreographische Herausforderung *bei diesem Auftrag, der umso ehrenvoller ist, als er dem Führer der Nation selber gilt* [201]. Nimmt sie noch immer nicht die Parteitaktik und den Personenkult um Hitler wahr? Sie schreibt im Tagebuch vom *Sieg des Kollektivismus über das Individuum! Das liegt nicht in der Hand des einzelnen. Das liegt auch nicht im Wollen einer Führergruppe allein. Und die Staatsform, die dies vertritt, ist über alles Tatsächliche hinaus von einem nicht sichtbaren, nicht greifbaren und doch alles zwingenden Zeitwillen dirigiert*, einem *Zeitwillen*, dem sich entgegenzustellen *Selbstvernichtung* wäre. Ihre persönlichen Einwände (Schule, Sommerkurs, Meisterwerkstätten, Geldverlust) gelten nichts, *kann ich ablehnen, muß ich annehmen?* [202] Sie will wenigstens eine die Verluste zu Hause ausgleichende Bezahlung, zögert mit der Antwort, da erreicht sie der Brief, der sie endgültig von dem Auftrag entbindet.

Damit hat man sich offiziell und endgültig von Mary Wigman getrennt. Finanzielle Unterstützung bekommt sie schon seit dem Vorjahr nicht mehr; ihre Gastlehrtätigkeit an den Meisterwerkstätten bleibt noch eine Weile bestehen, die Übersiedlung nach Berlin (wegen offizieller Vorwürfe gegen sie auch in Dresden) wird ihr jedoch verwehrt. Die Vorgänge werden für sie immer undurchsichtiger. Auch Laban hat seine Position verloren. Das Ausland, vor allem die USA und die dortige Presse, reagieren heftig, Hanya Holm muß ab 1936 die Wigman-Schule in New York unter ihrem eigenen Namen führen, immer weniger Auslandsschülerinnen melden sich zum Unterricht und zu den finanziell so wichtigen Sommerkursen. Inzwischen emigrieren Freunde und Bekannte, *soll ich, muß ich, darf ich jetzt kampflos gehen?*, fragt sie 1937. *Doch ins Ausland? USA? Es kommt nicht mehr in Frage, es geht innerlich nicht, und äußerlich ja auch nicht. [...] Mein Land, meine Sprache, mein Fühlen, mein Denken – mein Tanz!* [203] Fühlt sie sich nicht auch in ihrer Liebe zu Hanns Benkert gebunden?

Sie zieht sich auf die solistische Tanzarbeit zurück. Es entstehen die *Herbstlichen Tänze* voller Rückschau, Besinnung, Dank und letztem Aufrauschen in dem Gefühl, *in den Herbst des eigenen Lebens eingetreten* [204] zu sein. Tourneen soweit als möglich – Schweiz, Tschechoslowakei, Schlesien –, mühsam, anstrengend und finanziell trostlos. Dennoch gibt es starke künstlerische Augenblicke, eine Kritik vom März 1939 in Berlin spricht von der großen Begeisterung des Publikums als dem «Dank einer kunstverständigen Gemeinde an ein Genie»[205]. Da ist Mary Wigman 52 Jahre alt und offiziell längst nicht mehr erwünscht.

«Tanz der lichten Königin» («Minnelied»), 1939.
Foto von S. Enkelmann, Berlin

Das Angebot für eine Choreographie in einer «Orpheus»-Inszenierung des Freundes Niedecken-Gebhard 1938 wird von Goebbels persönlich unterbunden, auch für die Tagung der «Fachschaft Tanz» in Leipzig im März 1941 werden ihr Solotanz und Vortrag von oberster Stelle, dem *Rassepolitischen Amt (Rosenberg)*[206] verboten. Die Atmosphäre in der Schule wird durch Intrigen Hastings und seiner Frau Gretl Curth, die inzwischen Parteigenossen geworden sind, immer gespannter. Das beglückende Angebot einer erneuten USA-Tournee kann sie nicht mehr wahrnehmen: *Das Unbegreifliche ist Wirklichkeit geworden. Wir haben Krieg!* Für sie ist der Krieg unvermeidliches Schicksal, *der Todesengel*, fast eine übernatürliche Macht. Hitlers Rede am 6. Oktober 1939 beschreibt sie immer noch als *stark, stolz, groß, getragen von der unantastbaren Liebe zu Deutschland und dem leidenschaftlichen Wissen, die Befriedung Europas mitzugestalten.* Blind, schicksalsgläubig und völlig desinformiert durch die Nazi-Propaganda, glaubt sie an die edle Gesinnung des «Führers», wie sie einer «Führerschaft» immer in ihrem Leben eine gewisse, wenn auch abstrakte Macht einräumte. Für sie tritt *das Bangen des Einzelnen zurück vor dem großen Gesamtschicksal*, das bedeutet für alle *Gefaßtheit und die Bereitschaft zum Durchhalten.*[207] Erst später (April 1945) nennt sie den Krieg das *herausfordernde Symbol einer bis ins Grenzenlose gesteigerten Vermessenheit*; in der *Sprache des Tanzes* (1963) heißt es dann: *[...] die wahnwitzige Überheblichkeit, die maßlose Herausforderung, in der wir – machtlos und ausgeliefert – mitschuldig geworden waren an dem Verhängnis, das in seiner letzten Phase der Krieg war.*[208]

Mit Hasting gibt es keine loyale Zusammenarbeit mehr, sie spürt, daß für die Schule längst andere Pläne existieren. Ein Freund sagt ihr, *natürlich gehören Sie zu den ‹Entarteten›, Mary, und natürlich stehen Sie auf der schwarzen Liste!*[209], sie erkennt endlich die Situation. Doch zu dem Entschluß, die Schule tatsächlich aufzugeben, trägt ein anderes Erlebnis bei, dem sie sich kaum gewachsen fühlt, ein Schmerz, den sie noch lange fühlen wird.

Als Mary Wigman Pfingsten 1941 zu Kursen wieder nach Berlin fährt, hat Hanns Benkert sich stillschweigend von ihr getrennt – *er wird sich verheiraten, sehr bald, die Alte mußte es mir in seinem Auftrag sagen.* Sie ist fassungslos, kann nicht glauben, daß ihre *Liebe, stärker, totaler als ich es je wußte*, daß diese Liebe einfach aufgekündigt ist, wortlos, ohne eine Aussprache, ohne einen letzten Moment von Nähe. *Hannle, ich glaubte, du wärest das Leben, nun bist du worden der Tod. / Und ich hab dir nichts mehr zu*

«Tanz der Brunhild», 1942

«Tanz der Niobe», 1942. Foto von S. Enkelmann, Berlin

«Abschied und Dank», 1942. Foto von Seliger

geben als meine verzweifelte Not. Mit Hanns Benkert hat sie ihren Halt verloren, ihr Zuhause, ihre Heimat. Er hatte sie bestätigt, gestärkt und beschützt, ihm hatte sie vertraut. Nun weiß sie nicht wohin, *nur noch Flucht – Arbeit – Komödie – Wahrung der Fassade – dahinter Trümmer.*[210] Die Aufzeichnungen im Tagebuch spiegeln ihre grenzenlose Verlassenheit wider.

In Dresden will sie nun nicht mehr bleiben. Ein Angebot aus Leipzig und die politisch längst entschiedene Situation der Schule erleichtern ihren Entschluß: Ihren Schülerinnen verkündet sie am 28. Februar 1942, daß die Schule von der Stadt Dresden übernommen und unter Leitung von Gretl Curth-Hasting als Abteilung Tanz des Städtischen Konservatoriums weitergeführt wird. Am 31. März 1942 endet die Geschichte der Wigman-Schule in Dresden[211], ohne eine öffentliche Stellungnahme in einer Zeitung.

Und noch einmal schafft Mary Wigman zu der Musik von Aleida Montijn Tänze von beeindruckender Intensität: In dem *Tanz der Brunhild* gibt sie ihrem augenblicklichen Lebensgefühl des Schmerzes und der Erniedrigung und auch der inneren Größe Ausdruck. Zudem erlebt und begreift sie jetzt die Anmaßung und Sinnlosigkeit des Krieges und will, wie stellvertretend, das übermächtige Leid aussprechen: im *Tanz der Niobe* gestaltet sie den überheblichen Stolz der Mutter auf ihre Kinder und den fassungslosen Schmerz, als sie diese verliert. Sie selbst erzählt in einem Vortrag 1948 in Zürich, daß sie sich am Ende des Tanzes uralt fühlte, und daß sie den Frauen hätte zurufen wollen, *Vergebt mir, daß ich euer Leid im Tanz besinge, und glaubt mir, daß ich in diesem Tanz mein eigenes Herzblut verströme. Denn euer Leid ist unser aller Leid und ist mir heilig.*[212] Von der Hamburger Matinee 1942 schreibt Rudolf Maack: «Gefährlich schön, es weinten zu viele Frauen im Parkett bei Niobe.»[213] Mit dem Tanz *Abschied und Dank* im selben Programm verabschiedet sich Mary Wigman in Hamburg, Berlin, Dresden und am 27. April 1942 in Leipzig endgültig als Solotänzerin von der Bühne, ein Abschied, *der mir schwerer fiel als ich zugeben wollte*[214], dennoch ein letzter Tanz von *jener Schwerelosigkeit und jenem leisen Lächeln, in dem man verzichten kann, ohne zu resignieren*[215].

«Tanz wird nur durch Tanz vermittelt» (1942–1973)

Neuanfang: Undurchsichtige Zukunft

Ihre persönliche Situation beim Neuanfang in Leipzig charakterisiert sie als öffentliche Einsamkeit, so viele Freundschaften und glückliche Momente sind aus ihrem Leben weggebrochen, das offizielle «Unerwünscht» steht hinter ihrer Kunst. Das Interesse an ihr bleibt begrenzt, sie erhält einen Gastlehrvertrag an der Hochschule für Musik, Abteilung für Dramatische Kunst, kann aber intern umfassender in der Tanzausbildung arbeiten, ihr Name ist noch zugkräftig, es gibt Sympathien für sie.

Dazu ist das dritte Kriegsjahr gezeichnet von immer größeren Schwierigkeiten, Anfang 1943 wird der totale Kriegseinsatz auch von den Frauen gefordert. Mary Wigmans konventionelles, unscharfes und unrealistisches Bild vom Krieg mit *Ritterlichkeit und soldatischem Anstand* ist längst an der Wirklichkeit zerbrochen – noch 1941 hatte sie sich gewundert, als vom Winterhilfswerk warme Kleidung für die Soldaten gesammelt wurde: *Müssen die Männer da draußen frieren? Auch noch das?* [216] Sie begreift endlich, was dieser Krieg tatsächlich bedeutet. Dabei finden in diesen Jahren noch immer Theateraufführungen statt, Proben und Tanzunterricht für Schüler, während die meisten tagsüber in kriegswichtigen Industrien arbeiten. Ihr gelingt mit Tanzschülern eine eingeschränkt erfolgreiche Einstudierung der Orpheus-Tanzszenen an der Leipziger Hochschule für die Hundertjahr-Feier. In der Jubiläumsspielzeit 1942/43 werden in Niedecken-Gebhards Regie Carl Orffs Szenische Gesänge herausgebracht: Die «Carmina Burana» choreographiert Mary Wigman, die «Catulli Carmina» Tatjana Gsovsky. Mary Wigman arbeitet wie besessen und kann nach der Premiere am 8. Juli 1943 – «ein wahres Meisterstück choreographischer Phantasie» – *vor Erschöpfung keine rechte Freude* [217] mehr empfinden.

Die Angriffe auf Leipzig am 4. Dezember 1943 und in der Zeit danach erlebt sie, wie die anderen Menschen auch, in ihrer schrecklichen Vernichtungskraft, *es ist, als habe mit dem 4. Dezember eine neue Zeitrechnung begonnen* [218].

Die Zerstörung der deutschen Städte wird immer furchtbarer, der Schmerz über den Tod naher Menschen und immer auch die Hoffnung auf Nachricht von Geretteten gehören zum gar nicht mehr so wichtigen eigenen Überleben. Das Haus, in dem sie in Leipzig wohnt, Mozartstraße 17, steht wie durch ein Wunder noch immer; und es kommen ununterbrochen Menschen zu ihr, ausgebombt, auf der Flucht, verzweifelt. Hesschen versucht überall, Eßbares aufzutreiben. In der Hochschule müssen Nachtwachen gehalten werden, Luftschutzdienst, Löschen, Wasserschöpfen, Schutt und Scherben wegräumen, notdürftig auch das eigene Wohnen wieder ermöglichen. *Treiben wir auf die Endkatastrophe zu, so kann es doch nicht lange mehr weitergehen*, schreibt sie im Januar 1944. Mit allen andern gemeinsam durchlebt (und beschreibt) sie diese letzte Schrekkenszeit, bis endlich durch den Einmarsch der Alliierten die Bombenangriffe aufhören und am 8. Mai 1945 *Flugzeuge das Wort Frieden an den blauen Himmel geschrieben haben* [219].

Einen kurzen Augenblick können alle durchatmen, doch das Chaos von Plünderung, Hunger und Nicht-weiter-Wissen zehrt noch die allerletzten Kräfte auf: die Umstände sind erbärmlich, kein Wasser, kein Strom, im Winter keine Kohlen, die Kälte ist das schlimmste, Mary Wigman sammelt heruntergebrochene Äste im Park. *Mich friert pausenlos. Immer hungrig, krank, schwer. Keine Zigaretten [sie ist Kettenraucherin]. Täglich Unterricht bei mir. «Hase» unterwegs, Pilze, Brombeeren, Holunder, Hagebutten, Sauerampfer – nur alles so sauer, daß sich der Magen umdreht.* [220] Miete und Steuern müssen sofort wieder bezahlt werden, auf der Dresdner Bank (früher das jüdische Bankhaus Gebr. Arnhold [221]) ist ihr Guthaben aus dem Verkauf des Hauses in Dresden auf 422,72 Mark entwertet. Gleichzeitig Angst vor Beschlagnahmung der Wohnung, noch immer keine Kohlen und kein Glas für die Fensterhöhlen, sie rutscht auf dem Eis im Zimmer aus, Kälte und Hunger in den ersten Nachkriegswintern sind unbeschreiblich, *das große Sterben überall* [222]. Ihr einst sichergestelltes Gut ist verbrannt oder geplündert, *schade!*, ihre heißgeliebten Gongs, *addio!* Aber es gibt wieder Lebenszeichen von Freunden, Gestrandete tauchen bei ihr auf, kaum jemals ist sie allein, Hotel, Asyl, Kantine nennt sie ihr mit einem *Behelfsofen* manchmal schwach gewärmtes Zimmer.

Die Bewältigung des Alltags fordert all ihre Kräfte, dennoch beginnt sie frierend und mit steifen Fingern Klavier zu üben. Außerdem arbeitet sie an Tanzaufzeichnungen, schreibt Tagebuch. Ihre Aufzeichnungen spiegeln ihre unruhigen Gedanken, jetzt, schließlich, nennt sie den Krieg die *grenzenlose Vermessenheit*, meint aber noch immer, daß er *niemals ein Krieg der Deutschen war* [223], nur der Machthaber. Sie fragt, was werden wird. Sie weiß, daß sie von der antirussischen Propaganda der Nazis *infiziert* ist, spürt, daß die Teilung Deutschlands auf eine Entscheidung *für den Ost- oder Westraum* und *zwischen Alt und Neu* [224] hinausläuft und erfährt deutlich die anlaufenden Veränderungen, *es geht mit Riesenschritten auf die Bolschewisierung zu, Verstaatlichung* [225]. Später fragt sie, wohin sie gehört, *bin ich ostisch genug, um ganz im nur russisch Orientierten aufgehen zu können?* [226] (Dabei unterscheidet sie nicht zwischen russischer Kultur, slawischer Mentalität, kommunistischer Diktatur und deutsch-bürokratischem SED-Regime.)

Doch sie sieht diese Frage nicht politisch, sondern begreift sie – *ich hatte kein einziges Mal den Wunsch zu flüchten* – als Herausforderung. *Vielleicht ist es wirklich die letzte, allerletzte, ganz große Kraftprobe, die beweisen würde, ob der Mensch ohne seinen – bisher ihm lebensnotwendigen – Umraum das bleibt, was er war, ob der innere Reichtum, der die Kraft der Persönlichkeit ausmacht, über alles zu siegen vermag. Stirb und werde! Oder ist man den 2000 Jahren abendländischer Kultur so tief verwurzelt, daß es kein Wurzelfassen in einem anderen Boden mehr gibt? Faschismus, Nationalsozialismus, ja Bolschewismus, sie sind wohl alle nur Wegbereiter für etwas, das erst noch geboren werden soll, für die kommende Kultur, die keine abendländische sein kann.* [227] Und sie beginnt unverzüglich und mit großem Eifer, Russisch zu lernen.

In diesem Sinn ist auch ihre weitere politische Tätigkeit zu sehen. Im großen allgemeinen Neuaufbau fühlt sie sich verpflichtet mitzuarbeiten, wiederum nicht aus politischer Überzeugung, sondern in persönlicher Verantwortung und Einsatzbereitschaft. Sie gilt (abgesehen von den Anfangsjahren) als unbelastet, ihr Name als Exponentin des «Neuen Künstlerischen Tanzes» wird erneut als Aushängeschild gebraucht. Man bittet sie zu Interviews, um Artikel und Reden, es ist anzunehmen, daß sie sich nur zum Tanz äußert und keine allgemeinen Statements abgibt, wie in einigen erhaltenen Reden ersichtlich. Sie wird im November 1945 zur Gründungsfeier des «Kulturbunds» geladen [228] (man scheut offensichtlich nicht die Namensgleichheit mit dem erst vor vier Jahren durch die Deportation seiner Mitglieder nach Theresienstadt ausgelöschten «Jüdischen Kulturbunds»). Im August 1946 übernimmt sie zusammen mit Ricarda Huch das Ehrenpräsidium der Frauenausschüsse des «Deutschen Frauenwerkes» der gesamten russischen Zone [229]. Im Herbst 1946 wird sie (ungern) Kandidatin des «Kulturbunds» für die Gemeindewahlen, verweigert aber ihre Teilnahme als *Diskussionsrednerin* [230]. Die Verleihung des Professorentitels ärgert sie mehr, als daß sie sich geehrt fühlt [231], später schmeichelt er doch ihrer Eitelkeit. Im Dezember 1947 ist sie Delegierte der Künstlerschaft Leipzigs auf dem «Ersten Deutschen Volkskongreß für Einheit und gerechten Frieden» in Berlin, eine SED-Veranstaltung für die Einheit Deutschlands, es ist ihr letzter öffentlicher politischer Auftritt. Für Freiheit und Frieden zu sprechen fällt ihr nicht schwer; in einer Stellungnahme zu ihrer Beteiligung am Kongreß sagte sie: *Ich liebe Deutschland und ich leide um Deutschland. Ich weiß um Schuld und ich weiß um Sühne.* [232] Dies ist eine der wenigen Äußerungen zur nationalsozialistischen Vergangenheit.

Bald nach Kriegsende nimmt Mary Wigman ihre künstlerischen Aktivitäten wieder auf, auch wenn schlimmste Wohnungsnot, erbarmungslose Kälte, andauernder Hunger, Unterernährung und Krankheiten Leben und Arbeiten für alle zur Qual machen. Die langsam bei Mary Wigman eintreffenden Pakete aus der Schweiz, den USA oder von der Freundin Martha Reuther lindern ein wenig, werden aber auch bereitwillig verschenkt oder an Freunde weitergeschickt. Bereits im September 1945 erhält sie die Genehmigung, in ihren mehr oder minder bewohnbaren Räumen ihre «Wigman-Schule» wiederzueröffnen, im Juli 1946 veranstaltet sie tatsächlich den ersten Schülerinnenabend mit einem Programm, das wie sein Titel ganz *Aus der Not der Zeit* geschaffen ist. Um Geld zu verdienen, überwindet sie sich trotz der noch immer desolaten Reisemöglichkeiten zu Vorträgen in verschiedenen Städten, schon bald auch zu Schüler-Tanzaufführungen. Die Eröffnung der Leipziger Hochschule für Musik als «Mendelssohn-Akademie» im Oktober 1946 sieht die «Zusammenarbeit mit der Wigman-Schule» vor, eine abhängige Lehrtätigkeit jedoch will Mary Wigman vorerst nicht wieder eingehen. Doch bemüht sich die Stadt inzwischen, sie als prominente Lehrerin und Choreographin (gegen die Konkurrenz aus Berlin) an Leipzig zu binden, bietet Unterstützung an und vor allem die Aufwertung der Tanzausbildung mit Hochschulabschluß unter ihrer Leitung. Doch die Verhandlungen ziehen sich hin – wirklich rundum befriedigende Arbeitsbedingungen bieten sich ihr nicht. Die Avancen, die man ihr in Leipzig macht, durchschaut sie, *sie brauchen Namen* [233].

Erstmals erhält Mary Wigman 1947 die Möglichkeit einer eigenständigen Opern-Inszenierung in der provisorischen Spielstätte «Dreilinden», wieder ist es «Orpheus und Euridike» von Gluck, Premiere am 22. März 1947. Vor allem die Musik und ihr Bewegungsmoment faszinieren sie. Sie wagt es, den singenden Chor im Orchesterraum zu plazieren und versucht, die räumliche und seelische Atmosphäre auf der Bühne mit einem Bewegungschor (Ballett und eigene Schülerinnen) herzustellen. Damit geht sie erstmals einen ungewöhnlichen und theaterhistorisch bedeutenden (im Sinne Glucks weiterführenden) Weg. Ihr Konzept geht auf, Publikum und Presse sind begeistert.

Die politische Lage spitzt sich 1948 zu, die Währungsreform, die Abriegelung Berlins und die Luftbrücke der Amerikaner verändern das innerdeutsche Klima, der *Interzonen-Wahnsinn* macht bald alle Kontakte unmöglich, und auf diese Kontakte fühlt Mary Wigman sich als Künstlerin und Mensch angewiesen. Die wenigen Freunde verlassen Leipzig. Berufliche Verbindungen nach Berlin sind entstanden, Berlin lockt als letzte Hoffnung. Ihr Gesundheitszustand ist sehr schlecht, Kälte, Hunger, Krankheit und Überarbeitung haben sie gezeichnet.

Unerwartet steht sie im Frühjahr 1949 vor einer Entscheidung: *[...] am 1. April soll die Verstaatlichung hier ausgesprochen werden.*[234] Eine künstlerische Bevormundung ihrer Schule will Mary Wigman keinesfalls noch einmal ertragen. Die schon laufenden Kurse und angebahnten Verhandlungen in Berlin führen dazu, daß sie im Juli 1949 Leipzig und die SBZ legal verlassen kann und in West-Berlin, in der Rheinbabenallee 35 in Zehlendorf (ab 1954 Wilmersdorf), ein für eine Schule geeignetes Haus vom Senat zur Verfügung gestellt bekommt. In den Wochen danach findet sie nicht weit entfernt in der Warnemünder Straße 26 auch eine Wohnung für sich und Hesschen.

Höhepunkte: Immer noch siegt die Gegenwart

Was Mary Wigman sich mit dem Aufbau einer neuen Schule zugemutet hat, wird ihr erst wirklich klar, als sie vor den völlig chaotischen Fakten steht. Schule und Wohnung müssen hergerichtet werden, die Heizung bleibt noch auf Jahre ihre große Sorge. Zwar erscheinen schon sehr bald wieder Schülerinnen und Schüler aus dem West- und Ostsektor Berlins in ihrem «Wigman-Studio», aber sie können kaum bezahlen. Die finanzielle Lage ist katastrophal, die Subventionen müssen dem Senat abgetrotzt werden – und werden im jeweils folgenden Jahr wieder gekürzt. Auch privat ist es nicht einfach. Sie wüßte kaum, wie weitermachen, wären da nicht die liebevolle Unterstützung und anhängliche Fürsorge ihrer Freunde und ehemaligen Schülerinnen. Und wie immer bei Mary Wigmans Großzügigkeit haben ihre neuen, unterernährten Schülerinnen wieder Anteil an den sättigenden Gaben. Es gelingt ihr sogar, kurzzeitig die allgemeine Schulspeisung auch für ihre Schule zu erwirken.

Ab 1948 wird sie als eine der Meisterinnen zu den «Internationalen Sommerkursen des Schweizerischen Berufsverbandes für Tanz und Gymnastik» in Zürich, in Macolin und in Montreux eingeladen; auf dem freien Boden der Schweiz soll wieder europäischer und nicht zuletzt deutscher Tanz gemeinsam gelehrt werden. Dort trifft sie viele alte Freunde aus der Züricher, aber auch aus der Dresdner Zeit. Bis zum Jahre 1957 wird sie jeden Sommer zu diesen Kursen aufgefordert. Es wird moderner und klassischer Tanz angeboten, Teilnehmer aus achtzehn verschiedenen Nationen sind gemeldet, Mary Wigmans Kurse sind oft überfüllt. Fast jedesmal nutzt sie auch die Gelegenheit, von einer amerikanischen Freundin eingeladen, zu Erholungsreisen ins Tessin oder ins Engadin[235], sie genießt ein bißchen gutes Leben nach den Jahren der Entbehrung. Nicht zuletzt trifft sie immer auch Herbert Binswanger, er fährt sie durch die geliebte Bergwelt, *wie schön ist diese über alle Konflikte hinausgewachsene Freundschaft*[236].

Im Berliner «Wigman-Studio» gehen die Dinge ihren schwierigen Gang. Marianne Vogelsang, mit der zusammen sie die Schule begonnen hatte, macht sich 1950 im Ostsektor selbständig, nimmt einen Teil der Schülerinnen mit, es bleibt ein Gefühl von Verrat und auch von Erleichterung. Die Mitarbeiterinnen in der Schule, vor allem Til Thiele für die tänzerische Seite und Nora Friedrich für die Büroarbeit, sind hilfreich und verläßlich, dennoch fühlt sich Mary Wigman allein in ihren unaufhörlichen Sorgen. Natürlich gibt es auch Rücksichtslosigkeiten und Anfeindungen von allen Seiten, es müssen eine Menge Unstimmigkeiten ausgetragen werden. Körperlich ist sie völlig ausgelaugt. Ihre Schwäche, aber auch ihre auswärtigen Aktivitäten machen es notwendig, daß die enge Vertraute Manja Chmièl und nach deren Weggang 1962 der inzwischen ganz ausgebildete Schüler Hellmut Gottschild einen Großteil der künstlerisch-pädagogischen Arbeit übernehmen.

Jede Möglichkeit wird ergriffen, sich wieder ins Gespräch zu bringen, um Schülerinnen zu werben, durch Schüler-Veranstaltungen Geld einzunehmen. Die Hoffnung auf neue Kontakte erfüllt sich zum Teil, Mary Wigmans Name hat noch Klang, sie ist noch eine «Institution». Bereits 1949 wird sie von Helene Weigel eingeladen, im Brecht-Ensemble einen Vortrag über Choreographie zu halten. 1950 holt sie der Tänzerbund in Köln zu einem Vortrag in die Sporthochschule, sie sieht bei dieser Gelegenheit in Essen den Tanzabend «Der grüne Tisch» von Kurt Jooss[237] und ist begeistert. 1951 fährt sie zum ersten Tänzerkongreß nach dem Krieg nach Recklinghausen, Ostern 1952 zu Tanzkursen nach Stockholm, im Juli 1952 zum zweiten Tänzerkongreß nach Recklinghausen im Rahmen der Ruhrfestspiele. Im selben Jahr wird ihr der Berliner Kunstpreis verliehen.

Mary Wigman, Kurt Jooss, Rosalia Chladek und Harald Kreutzberg (v.r.) beim zweiten Tänzerkongreß in Recklinghausen, 1952. Foto von Gary Bender, Bonn

Und dann, am 11. Januar 1953, im Hebbel Theater um 16 Uhr – «Stunde des Tanzes, Mary Wigman und ihr Studio» –, steht sie selbst noch einmal auf der Bühne. Sie ringt lange mit sich, doch nachdem Dore Hoyer für diese Rolle abgesagt hatte, kommt nur sie selbst für die Darstellung der *Seherin* in Frage, die den ersten Teil der neu entworfenen *Chorischen Studien* bildet, dazu den Solopart im Tanz *Die Straße*. Es ist eine Her-

Im Wigman-Studio in Berlin in den 1950er Jahren: Mary Wigman mit Ulrich Kessler und Til Thiele. Foto von S. Enkelmann, Berlin

ausforderung und ein ungeheures Wagnis; bis zur letzten Minute ist alles eine *wahnsinnige Qual.* Doch dann das vertraute *Lampenfieber, [...] die gesteigerte Welt des Darstellerischen nahm Besitz von mir, uneingeschränkt* [238]. Sowohl die Entwicklung der chorischen Gruppenarbeit wird als unerwartet hervorragend bezeichnet, vor allem aber wird ihre eigene Darstellung enthusiastisch aufgenommen: im «Tagesspiegel» heißt es: «[...] wenig sichtbare Technik, reichste innere Ausstrahlung, das ist ganz ‹da›, bestechend, faszinierend, entführend. [...] Sie ist heute so ganz Künstlerin, daß sie über die besonderen Grenzen der Tänzerin hinausgewachsen ist. Ein einziger Schrei des Publikums antwortete ihr.» Der «Telegraf» schreibt von der «Eindringlichkeit ihrer Vision», die «Neue Zeitung» bezeugt: «die Wigman hat von allen Choreographen die intensivste und originalste Raumphantasie». Die gleiche Begeisterung erntet sie bei den Vorstellungen am 26. und 27. Juni 1953 auf dem Tänzerkongreß in Recklinghausen. Die Reise mit der Gruppe und die detaillierten Vorbereitungen am Ort sind *mörderisch, Aufregung und Nervosität waren kaum auszuhalten, die Zähne schlugen aufeinander, das war mehr als Lampenfieber, das war ganz gemeine, nackte Angst.* Aber sie schafft es, ihre große Gestaltungskraft trägt sie noch einmal *gesammelt* und *vertieft*[239] durch ihren endgültig letzten Bühnenauftritt. Ihre persönliche Ausstrahlung und ihre künstlerische Kraft erfüllen ein letztes Mal den Theaterraum. «Sie errang einen Sieg für ihre freien Raumphantasien und ließ die Zuschauer bewundernd erfassen, in welch hohem Maße das Abstrakte sich mit den Stürmen der Gefühle zu verbinden vermag und daß in

«Die Seherin» («Chorische Studien»), 1953.
Foto von S. Enkelmann, Berlin

den Architekturen ihres Raumtanzes Depression und Überschwang unserer Epoche zum Ausdruck dringen.»[240]

Trotz ihrer geschwächten Gesundheit setzt sie weiterhin all ihre Kräfte ein, neben den Kursen in der Schweiz gibt sie von 1956 an für wenige Jahre nochmals Sommerkurse in ihrer eigenen Schule. 1958 ermöglichen ihr die unzähligen amerikanischen Freunde eine Reise durch die USA, sie hält dort Vorträge, gibt Unterricht, begegnet alten Freunden und gewinnt neue.

In der veränderten, realistisch gewordenen Theaterlandschaft im Nachkriegsdeutschland wagt sie es auch wieder, große künstlerische Aufgaben zu übernehmen. Der Intendant des Nationaltheaters Mannheim, Hans Schüler, ihr Freund seit vielen Jahren und in vielen künstlerischen Arbeiten, bietet ihr noch mehrmals Inszenierungen an[241], so 1954 das Oratorium «Saul» von Georg Friedrich Händel, 1955 Carl Orffs «Catulli Carmina» und «Carmina Burana» und 1958 die Oper «Alkestis» von Christoph Willibald Gluck. In Berlin inszeniert sie 1957 an der Städtischen Oper im Rahmen der Berliner Festwochen «Le sacre du printemps» von Igor Strawinsky und 1961 übernimmt sie die Choreographie in Sellners «Orpheus»-Inszenierung. Die Theaterarbeit fasziniert sie wieder wie eh und je, sie setzt sich intensiv mit dem Stoff auseinander, fertigt ungezählte choreographische Skizzen an (als Skizzenbuch 1987 veröffentlicht[242]), sie arbeitet wieder bis zur völligen Erschöpfung, durchläuft alle Stadien von Angst und Hoffnung, Minderwertigkeitsgefühlen, Qual, Zweifel, künstlerischer Ablehnung und Bestätigung.

Alle diese Werke demonstrieren die Spannung zwischen Individuum und Masse; die daraus entstehenden Konflikte erscheinen auf der Bühne als Konstellation «der Mensch im Raum» und im übertragenen Sinne als «der Mensch im Schicksal». Hier kann Mary Wigmans Bühnenphantasie kongenial reagieren: Ihre Art, tänzerisch-chorisch zu arbeiten (der singende Chor wird wieder in den Orchestergraben verlegt) und damit den Raum zu gestalten und Atmosphäre zu schaffen – wie sie den Raum schon immer als ihre tänzerische Wirklichkeit,

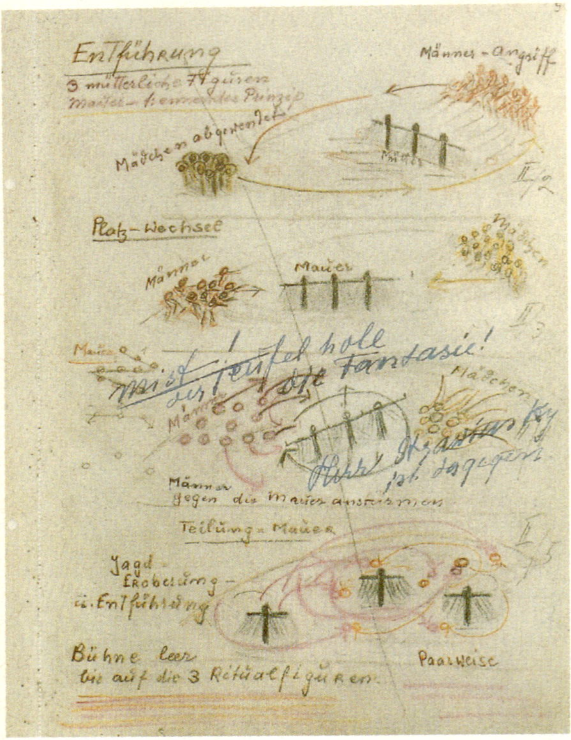

Choreographische Skizze zu «Le sacre du printemps», Berlin 1957

als *Partner* erlebt hat –, ihre Fähigkeit, musikalische Expression ins Optische zu übersetzen, ihre opulente, doch auch strenge Phantasie des körperlichen Ausdrucks und ihre kühne, aber nicht zum Selbstzweck werdende Theatralik – das alles erreicht in einigen dieser Inszenierungen einen unerwarteten Höhepunkt. Über die Aufführung von «Saul» heißt es in der «Rhein-Neckar-Zeitung», sie sei «von so zwingender Besonderheit, daß sie in den Theaterkreisen ganz Deutschlands und – was die Händelforschung angeht – wahrscheinlich sogar auf internationaler Basis diskutiert werden wird». Die Orff-Inszenierung wird ein ebensolcher Erfolg. Mit Vorbehalt wird dagegen die Inszenierung der «Alkestis» aufgenommen, ihr werden mangelnde

«Le sacre du printemps», Berlin 1957.
Foto von S. Enkelmann, Berlin

Zeitbezogenheit und überholte theatralische Mittel vorgeworfen. Ebenso kritisch wird 1961 Sellners Inszenierung des «Orpheus» gesehen, allerdings mit «starken Eindrücken vom Tanz». Den größten Triumph erlebt Mary Wigman 1957 in Berlin mit «Le sacre du printemps», von dem sie selbst meint, daß es *vielleicht wirklich die beste Arbeit meines Lebens geworden* [243] ist.

«Le sacre du printemps», Berlin 1957, mit Dore Hoyer und Majid Kashef. Foto von S. Enkelmann, Berlin

Die Choreographie erarbeitet sie sich mit großer Mühe, auf ein choreographisches Skizzenblatt schreibt sie *Der Teufel soll den ganzen Mist holen!* [244], sie sucht angestrengt die expressive, rhythmisch überaus schwierige Musik zu durchdringen und ihr Bewegung und Gestaltung abzuringen. So schreibt ein Kritiker: «Es war einer der Höhepunkte, zu erleben, wie die siebzigjährige Mary Wigman das innerste Wesen der Musik und der Handlung auf die Szene projizierte. Sie hat als erste begriffen, daß Sacre kein Ballett ist, sondern eine kultische Tanzhandlung, daß es nicht um Pirouetten und Gesten geht, sondern um Linien und Rhythmen. Die Idee des Absoluten Tanzes gewinnt in dieser Choreographie eine grandiose Bestätigung. Der Erfolg wirkte wie eine Krönung der Wigman für ihr stilbildendes Werk.» Dabei ist die Zusammenarbeit mit Dore Hoyer in der Hauptrolle ausgesprochen schwierig, die inzwischen divergierenden künstlerischen Auffassungen vereinen sich jedoch im Erfolg: «Der Triumph von Mary Wigman als Choreographin und Dore Hoyer als Darstellerin war so vollkommen, daß er eine neue Ära des deutschen Ausdruckstanzes eröffnen könnte.»[245]

Dore Hoyer (1912–1967), als Palucca-Schülerin nur indirekt Wigman-Schülerin, hat nach 1945 die Wigman-Schule in Dresden wiederaufgebaut. Letzte Solistin auf einer Konzertbühne, gilt als radikale Einzeltänzerin der Verlorenheit und Zerrissenheit der Nachkriegsjahre.

In diesen späten Jahren wird Mary Wigman mit Ehrungen ausgezeichnet, erntet große Erfolge, dennoch steht sie nicht mehr im Mittelpunkt des Geschehens, im Gegenteil, man nimmt nur noch wenig Notiz von ihr. Auch in ihrer Schule spürt sie die Entfernung zu den Jungen, spürt kritische, ja zweifelnde Haltungen ihr gegenüber. Sicherlich vermißt sie das Fluidum ihrer früheren Jahre. Ist es die innere Unruhe, die sie immer wieder antreibt zu schaffen, ist es Geltungsbedürfnis, Ehrgeiz, Einsamkeit, ist es für sie in ihrem Eigenbild als Künstlerin besonders schwer, alt und unbedeutend zu werden?

Manja Chmièl schreibt ihr 1960 in einem Brief: «Sie sind Mary Wigman – es ist in gleicher Weise Ihr Fluch und Ihre Gnade, bis zur letzten Stunde Ihres Lebens nicht nur ein Mensch dieses Namens zu sein, sondern alles das, was mit diesem Namen verbunden ist – was Ihre Schöpfung ist –, zu vertreten, zu verteidigen, zu schätzen, zu sein»[246] – und das ist Mary Wigman, die große Frau, Künstlerin, Tänzerin, Pädagogin und Choreographin in einer sich verändernden Welt. Und wie Hellmut Gottschild mit sehr viel Liebe und Verehrung sagt, ist es «schwer, alt zu werden und nicht mehr im Zentrum zu stehen; schwer auch, die Veränderungen der Zeit wahrzunehmen und anzunehmen»[247]. Doch es ist der natürliche Übergang in eine neue Zeit mit neuen Erkenntnissen und Perspektiven, wie sie sie selbst erlebt und provoziert hat, damals, 1913, in der Zeit des Übergangs in die expressionistische Kunst, als ihr künstlerischer Weg begann. Der Ausdruckstanz, ihr «Freier Tanz», der «Künstlerische Tanz», als Gestaltung der Einzelexistenz im persönlichen, schicksalhaften oder irrationalen Raum, hat vorerst keine anhaltende Nachfolge gefunden, die Zeit geht jetzt andere Wege. Der Mensch im Spannungsfeld des Schicksals, im Bewußtsein von Werden, Vergehen und Neu-

Werden, hineingestellt zwischen Geburt und Tod mit einer ihm eigenen Aufgabe und Kraft, dies ist nicht mehr der Mensch der schnellebigen Nachkriegs- und Wirtschaftswunderzeit mit Wurzeln, die er ins Dunkel der Vergangenheit abgedrängt hat.

Übergang: Jede Zeit fordert ihre eigenen Ausdrucksformen

«An die Tradition des Deutschen Ausdruckstanzes knüpft am deutlichsten die Choreographie des Sacre du printemps 1975/76 der Pina Bausch an den Wuppertaler Bühnen an [...]. Im Tanztheater der Pina Bausch geschieht nichts ‹als ob›, die vehemente sinnliche Präsenz, die die Akteure mit ihrem uneingeschränkten körperlichen Einsatz schaffen, beglaubigt die Geschichte ganz physisch.»[248] Hierin, in der *Wahrheit des Gefühls* und in dessen «vehementer sinnlicher Präsenz», liegt die Nähe zum Ausdruckstanz, nicht in der Art der Gebärde. (Wenngleich der Realismus der Pina Bausch für Mary Wigman undenkbar gewesen wäre.) Sowohl als Solotänzerin wurde Mary Wigman in ihrer «Steigerung des körperlichen Ausdrucks bis über alles Maß unserer Erfahrung hinaus» bereits 1920 und immer wieder danach als wahrhaft neu empfunden; doch ebenso in ihren Choreographien der letzten Lebensjahre – und besonders im «Sacre» – wird die «Steigerung zur Ekstase» als «kongenial zu den orgiastischen Zuckungen von Strawinskys Rhythmen» erlebt. Bei aller Ambivalenz ihrer künstlerischen und pädagogischen Tätigkeit und Wirkung in den Nachkriegsjahren, mit der expressiven Musik Strawinskys weist Mary Wigman über ihr eigenes Bühnenschaffen hinaus.

In den Jahren nach dem Krieg hat in Deutschland das klassische Ballett seine Vormachtstellung wieder eingenommen, nur an wenigen Orten entwickelt sich ein neuer Tanzausdruck, so in der Folkwangschule in Essen und daraus u. a. das Wuppertaler Tanztheater Pina Bauschs.

Mary Wigmans Stil ist nicht mehr gefragt. Ihr Wirken wird nun vor allem über Amerika deutlich, wenngleich sie in den Arbeiten von Jerome Robbins, Alwin Nikolais und Merce

Cunningham, auch des New York City Ballet, wohl nur schwer ihren eigenen Veränderungswillen von einst nachempfindet. Einen tiefen Wandel der Vorstellungen und der Körperphantasie bei den Jungen muß sie feststellen, nicht zuletzt bei ihren eigenen Schülerinnen; einige sind inzwischen selbständige Künstlerinnen geworden, neben Manja Chmièl und Hellmut Gottschild auch Else Lang, Katherine Sehnert, Susanne Linke, Gisela Colpe und andere.

Pina Bausch
geb. 1940, Ausbildung an der Folkwangschule Essen u. a. bei Kurt Jooss, übernimmt in der Saison 1973/74 das Wuppertaler Tanztheater, im Dezember 1975 ist Premiere von «Frühlingsopfer», Musik Igor Strawinsky

Zweifellos hat sich vieles seit den ersten Jahren ihres Tanzgestaltens und ihrer Lehrtätigkeit gewandelt, die Teilnahmefähigkeit für Geschehnisse und die Suche nach Körperausdruck haben sich weiterentwickelt, die Dimensionen der Erfahrung sind anders oder weiter geworden oder liegen auf anderen Ebenen. Doch ob Pathos oder Nüchternheit, Dämonisches oder Alltägliches, ob *tragische Werte* oder soziale Perspektive, ob der Körper im Raum oder der Raum im Körper erfahren wird, ob der Tänzer sein seelisches Erleben oder sich selbst als reinen Körper ausdrückt – die Tanzentwicklung zeigt, welch weitreichende, wenn auch nicht immer deutlich sichtbare Impulse vom künstlerischen Werk Mary Wigmans ausgehen. Ihre Bedeutung für die Bühne liegt in ihrem Anstoß zu individueller Körperarbeit und zuletzt in ihrer chorischen Bühnenarbeit, in der klaren, reflektierten Form. Es sind die Inhalte, die sich geändert haben. Mary Wigman mag dies spüren, in jedem Falle weiß sie, daß der Tanz im Tanz fortbesteht, unberührt vom Namen und Wesen seines Schöpfers.

Ihr Studio am Roseneck in der Rheinbabenallee hat anfangs noch Anziehungskraft für junge Tänzerinnen und Tänzer, Mary Wigman ist die «Meisterin» geblieben, ist «Tradition». Vor allem ihre wenigen Sommerkurse Mitte der fünfziger Jahre bilden wieder einen internationalen Treffpunkt; besonders Amerikanerinnen (Westdeutsche kaum), immer aber Gäste,

Ehemalige, Freunde sind dann im Haus. Auch nimmt sie bis zuletzt rege an allen Angeboten der Berliner Bühnen teil, natürlich an den vielfältigen (Gast-)Tanzveranstaltungen. So kommt es 1957 zur legendären Begegnung mit Martha Graham, der sie vom Parkett aus entgegengeht und damit das Publikum zu «standing ovations» hinreißt.

Nachdem sie im Juni 1961 auf der Frankfurter Tanzwoche noch einen Vortrag hält und sich, wie erwähnt, mit einer letzten «Orpheus»-Choreographie endgültig vom Theater verabschiedet, erhält sie den Kritikerpreis für ihr gesamtes Lebenswerk und wird Ehrenmitglied der Deutschen Oper. Seit 1955 ist sie Mitglied der Akademie der Künste. 1963 spricht sie nochmals in Essen im Folkwangmuseum im Rahmen der dortigen Sommerakademie. Im selben Jahr erscheint ihr Buch *Die Sprache des Tanzes* mit Beschreibungen vieler ihrer Solo- und Gruppentänze und Gedanken zum Tanz.

Sie unternimmt noch Reisen in Europa, meist in die Schweiz, immer umsorgt von Hesschen, *mit keinem andern Menschen könnte ich solch ruhiges und doch stets bewegtes Idyll leben* [249], 1969 sogar noch nach Israel in Begleitung von Herbert Binswanger. Ansonsten ist ihr Tanz-Studio, das sie mit Hilfe der Freunde und des Ehrensolds des Bundespräsidenten weiterführt, ihr letztes Refugium; es sind nicht mehr viele Junge, die bei ihr lernen. Am 16. Juli 1967 schließt sie es endgültig.[250]

Das Haus muß geräumt werden, die Unmenge Bilder und Schriften, Zeugnisse ihres künstlerischen Lebens, nimmt sie mit in die kleine Wohnung in der Taubertstraße 4, in der sie seit 1959 lebt. Körperlich ist sie sehr schwach geworden, seit ihrem ersten Herzinfarkt 1956 auf Elba und einem zweiten Herzanfall 1965 auf Teneriffa hat sie immer wieder zu kämpfen gegen die Erschöpfung, gegen den dauernden schweren Husten, gegen Schmerzen im Rücken und in den Beinen; ihr hartes Leben und schließlich das Alter verlangen den Tribut. Auch die Augen werden zunehmend schlechter, bis sie zuletzt fast ganz erblindet. Aber mit der ihr eigenen Kraft nimmt sie ihr Schicksal an, *es heißt, damit fertig zu werden, und ich bemühe mich* [251]. Und nicht nur das, wie eh und je – und das ist das immer wieder Faszinierende an dieser Frau – gewinnt sie dem Leben noch seine Schönheit ab: *Das Seltsamste an der ganzen Geschichte ist, daß es immer noch Augenblicke gibt, in denen es sich lohnt zu leben und in denen dieses Leben sogar wunderschön ist,* schreibt sie an einen Freund.[252]

Hat Rudolf von Laban vor allem als Theoretiker die Funktionen und Dimensionen der menschlichen Bewegung erforscht, so hat Mary Wigman als Künstlerin die Gestaltung menschlichen Lebens durch die Bewegung, das heißt durch den Tänzer und überhaupt durch den Bühnenkünstler im Bühnenraum sichtbar und sinnfällig zum Erlebnis gemacht, *mein Thema ist der Mensch im Raum*[253]. Sie hat die Wahrheit des Gefühls, die Präsenz der Gestalt, die Klarheit der Form und die Architektur des Raums für die Bühne als unverzichtbar gefordert und selbst in ihrem Schaffen einzulösen versucht. Mag es erlebt, verstanden, verloren und wieder neu entdeckt sein – was sie von einem ihrer Tänze sagt, gilt für ihr ganzes Werk: *Ich weiß, daß das Schicksalslied geschaffen werden mußte.*[254]

Monte Verità, das erste und letzte Ziel Mary Wigmans, dieser geliebte Ort, an dem sie zu sich selbst fand und von wo aus sie ihren langen, schweren und reichen Lebensweg antrat – als sie im September 1973 von Berlin aus noch einmal die beschwerliche Reise dorthin unternehmen will, stürzt sie in ihrem Zimmer und wird mit einem gebrochenen Arm ins Krankenhaus eingeliefert. Dort stirbt sie am 18. September 1973. Die Urne wird in der Familiengrabstätte des Bruders auf dem Ostfriedhof in Essen beigesetzt.

«Nichts ist noch endgültig»

Gedanken und Praxis

Da Mary Wigman der künstlerischen Intuition und dem Schöpferischen in ihr selbst zutiefst vertraut, hat sie auch für die praktische Arbeit als Tänzerin, Choreographin und Tanzpädagogin klare Vorstellungen und konkrete Arbeitsweisen. Sie besitzt genug Offenheit, um immer auch neue Wege zu suchen. Zeitlebens beruft sie sich darauf, daß den Tanz zu lernen und zu lehren *ein Handwerk* sei zu *Entdeckung, Ausbau und Formung des Körpers zum Instrument* und daß *tänzerisches Erleben, Geschehen und Gestalten das Mittel* sei, an der *Vervollkommnung und Vollendung seines Instruments* [255] zu arbeiten, um der künstlerischen Intention gerecht zu werden. Das wahrhaft Schöpferische nennt sie *eine Gnade*, und sie ist bereit, dafür *auf mich zu nehmen, was schicksalhaft bevorsteht.* [256] Um so wichtiger ist ihr die bedingungslose Körperarbeit in der körperlichen und geistigen Auseinandersetzung mit sich selbst. Damit nimmt sie bewußt ihr Schicksal an, erfüllt ihre Aufgabe und ringt um Erkenntnis. Sie hat alles von sich verlangt und auch, ganz bestimmt in den frühen Jahren, von ihren Schülern. Ihr beispielloser Erfolg wäre ihr ohne diese unerbittliche Arbeit nicht beschieden gewesen.

Mary Wigman sieht sich am Anfang einer neuen Tanzentwicklung, jenseits der Erstarrung des Ballettformalismus, ohne Rückhalt durch Tradition, Vergleichsmöglichkeiten und Repertoire, dafür in um so größerer Freiheit. Sie entwickelt auf der Basis dessen, was sie allein und mit ihrem Lehrer Rudolf von Laban erarbeitet hat, ihr eigenes Vokabular des tänzerischen Ausdrucks, ihren Stil. Sowohl zeittypisch, doch auch sehr persönlich greift sie zu neuen Themen für den Tanz, «Urthemen» sind es oftmals, mythisch, archetypisch fast, allgemein-menschlich und damit geschlechts-unspezifisch, was einen Teil der Besonderheit und außerordentlichen Wirkung ihrer Tänze ausmacht (daher erwartet man neben ihr auch keinen männlichen Tanzpartner).

Zeit ihres Lebens äußert sie sich in Aufsätzen, Vorträgen und Interviews zu allen Themen des Tanzes. Das Wichtigste sei hier kurz dargestellt und von ihren beiden letzten Assistenten, Manja Chmièl und Hellmut Gottschild, aus deren damaliger und heutiger Tanzpraxis knapp kommentiert.[257]

Zu dem oft benutzten, doch eher unscharfen Begriff des *tänzerischen Erlebens* erklärt Mary Wigman, daß damit *kein hemmungsloses Sich-austoben*, noch ein *Schwelgen in unkontrollierbaren Gefühlsebenen* gemeint sei, sondern *die Erfüllung einer im Künstlerischen selber liegenden Forderung nach wahrhafter Vertiefung, nach intensiver Auswertung und Steigerung tatsächlich vorhandener Kräfte, die im Schmelzfeuer des Formungsprozesses massvoll gebändigt, den sittlichen Ernst der Arbeit garantieren und diese vor Schablone und Leerlauf bewahren.*[258]

Manja Chmièl (geb. 1922), 1946–50 Schülerin bei Wigman in Leipzig und Berlin, Solotänzerin bei Kurt Jooss in Essen, 1952–62 Assistentin Wigmans in Berlin, neuer Tanzstil in Soloabenden, eigene «Gruppe Neuer Tanz Berlin», 1962 eigenes Tanzstudio in Berlin, später in Hannover.
Hellmut Gottschild (geb. 1936), 1956–62 Ausbildung im Wigman-Studio, 1961–67 Assistent von Wigman, 1962 eigene Tanzgruppe «Motion», ab 1968 in den USA Tänzer, Choreograph, Pädagoge am Dance-Department der Universität Philadelphia, Gruppe «ZeroMoving-Dance Company».

Ihre eigene Entwicklung als Tänzerin nimmt sie als Grundlage für ihre pädagogische Arbeit. Dabei ist ihr bewußt, daß es nicht um Nachahmung, sondern um Selbständigkeit geht; daß es darauf ankommt, den jeweiligen Schülerinnen und Schülern zu helfen, ihre Körperlichkeit wahrzunehmen, nur ihr zu gehorchen und darin die eigene Körpersprache und damit den eigenen Stil zu finden. *Ich habe versucht, meinen Schülern den Weg zu sich selbst zu öffnen und bis zu jenem Bezirk vorzudringen, in dem Wissen und Ahnen ineinander übergehen und Erleben und Gestalten sich durchdringen.*[259] Daß ihr dies gelungen ist, haben Schülerinnen und Schüler später immer wieder bestätigt. Das Individuelle im Tänzer, die Eigenentfaltung im Tanz, ist ihr zur nahezu einzigen pädagogischen Maxime geworden.

Mary Wigman, Bewegungsstudie, ca. 1918,
Foto von Sophie Taeuber-Arp

Mary Wigman hat kein Lehrsystem und keine verbindliche Technik entwickelt; jene spezifische Art von Tanz setzt die individuelle Schulung und ganz persönliche Bewegungsentfaltung wie bei ihr voraus. Hellmut Gottschild nennt als das Wichtigste Mary Wigmans Ansatz aus dem Erleben heraus, daß das eigene Erleben zur Sprache gebracht wird, was auch heute noch wichtig sei. Dazu müsse jeder Tänzer die Mittel suchen, finden und sich aneignen, um das auszudrücken, was er ausdrücken will; denn jeder Tanz habe seine eigenen Mittel. Manja

Chmièl betont, daß kein System gelehrt wurde, weil durch dieses Suchen nach Mitteln für jeden einzelnen Tanz, ohne sich auf kodifizierte Muster zu stützen, Spontaneität und Improvisationsfähigkeit erhalten blieben und das technische Können gleichzeitig mit dem Körpergefühl, der Kreativität und der Gestaltungskraft mitwachse. Nur so sei dem Tanzschüler die Freiheit gegeben, seinen eigenen Tanz zu finden. Aber natürlich wird auf ein umfassendes Körpertraining größten Wert gelegt, um das Instrument Körper spielen zu lernen (wobei die Anforderungen heute zweifellos höher sind als damals).

Bewegungsstudie, ca. 1930

Die *Wandlung des Körpers vom Leib zum Instrument* definiert Mary Wigman als einen Prozeß des Werdens, Wachsens, Reifens, in der Einheit von Körper, Seele und Geist. Sie beschreibt darin die drei wesentlichen Entwicklungsstufen als 1. ein *unbewußtes Einheitserlebnis* in *Chaos und Berauschung* auf der Suche nach Ausdruck ohne Rücksicht auf Inhalt und Formung; dann 2. ein *Spaltungserlebnis* im *Erwachen des Orientierungssinnes* und im Beginn der Klärung von *Ausdruck, Inhalt, Funktion, Form etc.*; schließlich 3. ein *bewußtes Einheitserlebnis*, in dem sich langsam *Ausdruck und Bewegung als Geschehen verdichten zu seelisch erfüllter Form*[260], und die Beherrschung des Materials und der Mittel sich äußert als Sprache des Tanzes.

Alle Arbeit beginnt mit dem reinen *Körpertraining*, beruhend auf den natürlichen Bewegungen Gehen, Laufen, Schwingen, Hüpfen, Stürzen, Schreiten, Gleiten, Federn, Springen, Kreisen, Drehen usw. «Und dann das Vibrato, ein typisches Wigman-Thema» – die Übungen wurden aneinandergehängt und wieder auseinandergezogen, verschieden rhythmisiert –, «die ganze Stunde war ein lebendiges Tanzen, ein Thema mit Variationen. Diese Sorte lebendigen Unterrichts habe ich nur bei der Wigman gefunden. Die gibt es nirgends mehr.»[261]

Daneben läßt sie die Schüler sich auch ausführlich mit der Komposition von Solo- und Gruppenwerken auseinandersetzen. Ähnlich dem musikalischen Vorgang entstehen aus dem ersten *Einfall* erste *Bewegungsteile*, die sich langsam zum *Thema* verdichten, im Verlauf des Komponierens ein *festes Gefüge* erhalten und schließlich, zu *letzter Eindeutigkeit und Einfachheit gesteigert* bis zur *Abstraktion der Form*, als endgültige *Komposition* erkannt werden. Zur inneren *Gesetzmäßigkeit* der Komposition gehören das *Zusammenwirken von Einfall und Persönlichkeit*, dann die *Spannung* als das *Zusammenwirken von äußerer Funktion und innerem Atem*, außerdem die *Dynamik* als der *Spannungswechsel dieser Kräfte*, und letztlich *Nuance* und *Ornament*.

Dabei ist die Struktur einer Komposition von grundlegender Bedeutung und macht die vielfältige und plastische Wirkung von Tänzen aus. Jede einzelne Gliedmaße, nicht nur im ganzen, sondern in all ihren Unterteilungen bis in den kleinsten beweglichen Teil der Hand oder des Fußes, ist wie eine Stimme im Orchester, und gemeinsam zeichnen sie die Themen in den Raum. Die Themenführung geschieht in einzelnen Bewegungsphasen, die sich in kleineren Bewegungsmotiven und Stellungen entfalten und wieder in einen organischen Ablauf münden, in Wechselwirkung und Variation mit den einzelnen Gliedmaßen. Sie können sich als geschlossener Ablauf wiederholen oder in neu einsetzende Bewegungsthemen überleiten, sich auffächern und zurückkehren. Dabei wird der Raum gestaltet in Ebenen und Richtungen, in Weite oder Schwere, in Rhythmen und Ruhepunkten, woraus alles in allem die Dynamik entsteht. Bestimmend sind Phantasie, Klarheit und Spannung des Tanzes, doch wirklich ganz erfüllt sich das Tanzgeschehen erst in der suggestiven Kraft und Ausstrahlung der tanzenden Persönlichkeit.[262]

In den späten Jahren, berichtet Gottschild, habe Mary Wigman fast nur noch Soloimprovisationen gearbeitet, hier half sie den Schülern am meisten, sich zu finden. Alle Bewe-

Mary Wigman mit Studierenden im Wigman-Studio in Berlin. Foto von Heinz Bieler, Berlin

gungen seien aus dem Atem gekommen, aus dem Zentrum, sie waren noch nicht dezentral, peripher, isoliert, was heute ja von großer Bedeutung sei. Und Manja Chmièl ergänzt: «Der Tanz ist heute pluralistisch, er geht zum Körper hin, die vielfältigen Teile des Körpers werden erlebt, gesucht, gefunden, gezeigt, durchformt, im Raum durchlebt, der Körper wird als erster eigener Raum erfahren, seht, so ist der Mensch, so bin ich. Im Gegensatz dazu suchte Mary Wigman das Eigene in den Raum zu projizieren und die persönliche Geste ins Allgemeine zu überhöhen, das war expressionistisch. Ihr Pathos kam aus den starken thematischen Gegensätzen: Licht-Dunkel, Leben-Tod, Opfer-Gnade usw.» Und wie ihre Themen, «das Heldische, das Königliche, das Tragische, das Schicksalhafte usw.», erklärt Gottschild, «so kamen auch ihre sprachlichen Bilder aus ihrer früheren Zeit, was für viele der Jüngeren verwirrend, irritierend und verstaubt gewirkt hat».

Der wichtigste Aspekt in der Entwicklung des «Freien Tanzes» ist sein Verhältnis zur Musik («freier Tanz» ist ursprünglich ein Tanz frei von Musik), im gegenseitigen *Nebeneinander, Miteinander* oder *Sich-Durchdringen* zu lebendiger Einheit. *Das Unsagbare sagbar machen, das können Musik und Tanz, auf dieser Basis der sublimsten Zusammengehörigkeit vermögen sie das tanzmusikalische Kunstwerk zu schaffen.* Das Vereinende und Bindende für beide ist der Rhythmus, der in allem Leben, vor allem aber in Tanz und Musik pulsiert. *Denn wie die Musik ist der Tanz eine Zeit-Kunst und wie der Tanz ist die Musik eine Raum-Kunst.* Und wie es untanzbare, «absolute Musik» gibt, so gibt es *auch eine Absolutheit im Tanz*, den Tanz ohne Musik. *Dann spricht der Tanz am elementarsten aus der beseelten Stille, in der Schweigsamkeit des lastenden Raumes, oder durch die rhythmische Aufgewühltheit seiner bestürzenden Raumspannungen und -Ballungen.*[263]

Ebenfalls von großer Bedeutung ist die *Tanzmaske*, die *in ihrer Endgültigkeit und Einmaligkeit jede individualisierte Betonung ausschaltet.* Sie zwingt den Tänzer *unter das Gesetz ihrer überpersönlichen Prägung, hilft aber auch dem Tänzer die erfühlte und gewollte Gestaltverwandlung zu erreichen.* Sie darf *nie interessante Zutat* sein; entspricht die Maske der ihr zugrunde gelegten Gestalt, so *werden sie und das Gesicht ihres Trägers zur Einheit.* Die Maske ist *verführerisch*, aber sie steht auch *in Konkurrenz zum Tänzer, wenn er ihr nicht standhält.* Sie ist Abstraktion in *Verhüllung oder Preisgabe.*[264]

Mary Wigman, um 1965. Foto von S. Enkelmann, Berlin

Der entscheidende Schritt über den Solotanz hinaus ist der *Gruppentanz*, der sich ganz in *Form, Linie, Körper- und Raumrhythmus* entfaltet und in *Einzelstimmen kontrapunktisch das Thema gestaltet*, wobei der *Einheitsgedanke* nur kurz aufleuchtet.

Noch weiter geht Mary Wigman mit dem von ihr neu ausgeformten *Chorischen Tanz*, eine Entwicklung, die, mit einer ersten Vorstufe in der *Feier*, in der Choreographie des *Totenmal* 1930 eine erste Form erhält. Hier geht es *nicht mehr um das Mit- und Gegeneinander-Ausspielen von Kräften, wie sie in persönlicher und überpersönlicher Aussage das Gewebe des Gruppentanzes bestimmen. Sondern im Chorischen Tanz geht es um den Zusammenschluß einer Menschengruppe zu einem Bewegungskörper, von einem einheitlichen Blickpunkt aus auf ein von allen anerkanntes Ziel ausgerichtet, […] der aktiv beteiligt in den Schicksalskonflickt ein-*

greift, oder betrachtend das Geschaute notiert, um es auf die Ebene der Erkenntnis und Erfahrung zu rücken. Hierbei ist die Forderung an das chorische Prinzip die absolute *Einfachheit in den Raumformen, im rhythmischen Gehalt, in Gang, Haltung und Gebärde, in den dynamischen Ballungen, Lösungen und Steigerungen,* um Einheitlichkeit zu schaffen, gleichzeitig fordert es einen *Anführer, [...] der die thematische Idee vorantreibt [...].*[265]

Von der chorischen Arbeit geht neben der freien Körperarbeit der wichtigste Impuls auf die Tanz- und Theaterbühne aus. Und wenn darin eine «protofaschistische Ideologie und Gebärdensprache»[266] gesehen wird, sei nochmals deutlich auf die Wurzeln, Hintergründe und künstlerischen Gestaltungsprinzipien dieser Entwicklung hingewiesen.

Von Anfang an empfindet Mary Wigman die pädagogische Arbeit als wichtig, sie will *dem Tanz dienen* und darin anderen zu Sprache und Ausdruck verhelfen. So sieht sie im letzten Sinn ihre Schule als *Hüterin des Werkes und als Schutz der heranreifenden Begabungen* zu einer eigenständigen künstlerischen Persönlichkeit. In der *Sprache des Tanzes* nennt sie es den *pädagogischen Eros,* jene *fluktuierende Zuständigkeit* im gegenseitigen Austausch des *menschlich Bewegenden und künstlerisch Verpflichtenden.*[267] Jahre später sagt Pina Bausch Ähnliches von ihrer eigenen künstlerischen Erfahrung mit anderen Lehrern: «[...] es ging darum, daß man sich entwickelte, daß man selber finden konnte, was einem wichtig war, wohin man wollte»[268].

Körperpraxis, Tanztechnik und Choreographie wurden aus dem von Mary Wigman erarbeiteten Neuland in viele Richtungen weiterentwickelt und haben heute Normen hervorgebracht, die vermittelt werden können. In den letzten Jahren zeichnet sich eine Tendenz zur Aufarbeitung des Ausdruckstanzes sowohl von historischer wie von künstlerischer und pädagogischer Seite ab. Zum Wirksamen der Pädagogik Mary Wigmans gehörten wohl bis zuletzt ihre Persönlichkeit und ihre Fähigkeit, den Erlebnis- und Gestaltungsprozeß herauszufordern und zu intensivieren – und nicht zuletzt ihr Glaube an den Tanz und an den Tänzer und damit ihr künstlerisches Ethos.

Mary Wigman

Anmerkungen

Archive in Abkürzungen:
AdK = Stiftung Archiv der Akademie der Künste, Mary Wigman Archiv, Berlin (mit besonderem Dank an Frau Hannelore Erlekamm)
BA = Bundesarchiv und Berlin Document Center, Berlin (mit besonderem Dank an Frau Jana Blumberg)

Alle schriftlichen Zeugnisse Mary Wigmans sind im Archiv einheitlich katalogisiert unter den Ziffern 83/73/ und der jeweiligen Kennziffer, also zum Beispiel: 83/73/1670. Zur Vereinfachung wird hier nur angegeben: AdK 1670. Zur Orientierung der Leser werden Quellenarten unterschieden:
Tgb. = Tagebuch oder Kalendarium
Aufz. = Aufzeichnungen aller Art wie Texte, Entwürfe, Arbeitsbücher, Werkbücher, Überschriften wie «Mein erster Erfolg» usw.
Biogr. = Biographische Aufzeichnungen jeglicher Art, Datenzusammenstellungen, Kurzangaben für Publikationen usw.
AdK Kritiken = Unter dem jeweiligen Namen oder Kürzel oder anonym sind die Kritiken in der Kritiken-Sammlung archiviert.

Das Dada-Archiv und das Perrottet-Archiv befinden sich beide im Kunsthaus Zürich.

Alle in der Bibliographie aufgeführten Werke werden in den Anmerkungen in Kurzform genannt.

1 Tgb. 1915–24, AdK 1670
2 Tgb. 1912/13, AdK 1633
3 Ebd.
4 Biogr. AdK 1414
5 Tgb. 1912/13, AdK 1633
6 Biogr. AdK 1414
7 Tgb. 1913, AdK 1664
8 Briefe in Amerika, AdK 1452
9 Vossische Zeitung, Berlin 1926, AdK Kritiken
10 Tgb. 1912/13, AdK 1633
11 Zeitungsartikel, anonym A. M., 30. 1. 1934, AdK Kritiken
12 Tgb. 1937–40, AdK 150. Nahezu alle Beschreibungen der Kindheit Mary Wigmans sind diesem Tagebuch entnommen, in dem sie sich einzelner Begebenheiten erinnert.
13 AdK 1399
14 Tgb. 1937–40, AdK 150
15 Diese Aufzeichnungen sind im Besitz von Marlies Heinemann, der Enkelin Amalie Wiegmanns und Nichte Mary Wigmans. Ihnen sind ebenfalls viele Hinweise auf das Familienleben der Wiegmanns entnommen.
16 Biogr. AdK 1430
17 Perrottet: Bewegtes Leben, S. 93
18 Ebd.
19 Vgl.: Ausdruckstanz, S. 71 f.
20 Müller: Leben und Werk, S. 30
21 Perrottet: Bewegtes Leben, S. 77
22 Ebd., S. 93
23 August Bournonville (1805–1879), dänischer Choreograph
24 François Delsarte (1811–1871). Seine Erkenntnisse der körperlichen und geistigen Gesetzmäßigkeiten wurden als grundlegend angesehen für die Entwicklung des Tanzes.
25 Kurt Peters, in: Ausdruckstanz, vgl. Anm. 19, S. 1 f.
26 Franz Marc: Geistige Güter. In: Der Blaue Reiter. München ²1914, S. 2 f.
27 Franz Marc: Die «Wilden» Deutschlands. In: ebd., S. 3
28 Ein grundsätzlicher Unterschied zwischen Steiner und Laban: die Eurythmie bleibt an die Gedankenwelt Steiners gebunden, die «eurhythmische» Bewegung Labans und der daraus entstehende künstlerische Tanz erwachsen aus der Phantasie jedes einzelnen Künstlers. Kontakte zwischen beiden soll

es, soweit bekannt, nicht gegeben haben. Ob Steiner Laban-Aufführungen je gesehen hat, ist offen.

29 Richard Hamann, Jost Hermand: Expressionismus. Epochen Deutscher Kultur. Bd. 5. München 1976, S. 15

30 Arnold Schönberg – Wassily Kandinsky. Briefe, Bilder und Dokumente einer außergewöhnlichen Begegnung. Salzburg 1980, S. 19 u. S. 21

31 Arnold Schönberg: Harmonielehre. Wien 1922, S. 401

32 Wassily Kandinsky, Über das Geistige in der Kunst. Bern 1980, S. 78

33 Ebd., S. 124 f.

34 Tgb. 1913, AdK 1664

35 Tgb. 1915–24, AdK 1670; Delius: Mary Wigman, S. 43

36 Tgb. 1915–24, AdK 1670

37 Müller: Leben und Werk, S. 39

38 Harald Szeemann: Monte Verità. Katalog Museum Villa Stuck. München 1980, S. 58

39 Doch auch weiterhin entdecken Künstler den Monte Verità, Dadaisten, Bauhauskünstler, auch Psychologen und Geologen, und nach 1933 Emigranten aus Deutschland; später beginnt Dimitri, der «Clown von Ascona», hier seine Karriere.

40 Sorell: Ein Vermächtnis, S. 35

41 Tgb. 1913, AdK 1664, S. 58

42 Laban: Welt des Tänzers, S. 239 f.

43 Fritz Böhme: Tanzkunst. Dessau 1926, S. 155

44 Aufz. 1920, S. 21. In: Okkultismus und Avantgarde. Katalog der Kunsthalle Schirn, Frankfurt a. M. 1995, S. 617

45 Tgb. 1913, AdK 1664

46 Sorell: Ein Vermächtnis, S. 35; Müller: Leben und Werk, S. 44

47 Sorell: Ein Vermächtnis, S. 34

48 Ebd., S. 27

49 Ebd., S. 31

50 Hans Brandenburg schreibt expressionistische Tanzdramen, ist Tanzkritiker und veröffentlicht 1913 erstmals eine Abhandlung über expressionistischen Tanz «Der moderne Tanz», 2. Auflage 1921. Ihm und anderen verdankt der neue Tanz, daß er sich in relativ kurzer Zeit als eigenständige Kunst durchsetzt.

51 Müller: Leben und Werk, S. 47

52 Ebd., S. 48; Sorell: Ein Vermächtnis, S. 44

53 Der freie Tanz. Zur Aufführung am 28. 4. 1914 im Museumssaal, München. AdK 1870 Varia

54 Kritiken und Aufsätze ca. 1914–1918. Perrottet-Archiv II 91:56

55 R. v. Delius, in: Propyläen. Sammlung früher Kritiken, Dada-Archiv V:59; Müller: Leben und Werk, S. 49

56 Arnold Schönberg: Harmonielehre. Wien 1922, S. 393

57 Hans Brandenburg wirbt dafür in mehreren süddeutschen Zeitungen als einem Zentrum für ein «Gesamtkunstwerk» «in der Dreiheit von Tanz, Ton, Wort». Dada-Archiv V:59

58 Das Wort- und Tanzspiel «Sieg des Opfers», ein für das Zusammenwirken von Wort, Ton und Tanz paradigmatisches Stück

59 Perrottet: Bewegtes Leben, S. 123

60 Ebd., S. 123, Programm des Wintersemesters 1915/16

61 Tgb. 1915–24, AdK 1670

62 Ebd.; Delius: Mary Wigman, S. 40 f.

63 Aufz. 1913–15, AdK 1671

64 Max Weber: The Fourth Dimension from a Plastic Point of View. 1910, eine damals Aufsehen erregende These. In: Okkultismus und Avantgarde, s. Anm. 44, S. 411

65 Tgb. 1915–24, AdK 1670

66 Perrottet: Bewegtes Leben, S. 145

67 Aufz. 1913–15, AdK 1671

68 Ebd.

69 Tgb. 1915–24, AdK 1670

70 Aufz. 1913–15, AdK 1671

71 Zeitungsausschnitt, Juni 1917, AdK Zürich, Kritiken anonym/Hsr

72 Perrottet: Bewegtes Leben, S. 145
73 Aufz. 1920–23, AdK 1669
74 Perrottet: Bewegtes Leben, S. 153. Lisa Ruckteschell, Tanzschülerin, befreundet mit Mary Wigman, später mit dem Dichter und Philosophen Bruno Goetz verheiratet. – Die Schule wird von Perrottet erfolgreich weitergeführt.
75 An Reinhold Rudolf Junghans, Dez. 1919. Dada-Archiv II:72
76 Aufz. 1923/24, AdK 1665
77 Werkbuch *Die sieben Tänze des Lebens.* Musik Heinz Pringsheim. Jena 1921, AdK 1315
78 Aufz., AdK 1423
79 Brief aus Arosa, Winter 1919/20. Dada-Archiv II:74
80 AdK 2348. Der Film ist nicht erhalten, einige Fotos zeigen sie vor idyllischer Bergwelt.
81 Biogr., AdK 1414
82 Will Grohmann, Lehrer an einem Dresdner Gymnasium und ein großer Kunstförderer; Lazar Segall, jüdischer Maler, Bildhauer und Graphiker, Mitglied der Dresdner Sezession
83 Hans. W. Fischer, später ein Freund Mary Wigmans, Rezensent vieler Abende moderner Tanzkunst, hatte das Publikum längst mit dem neuen Tanzstil vertraut gemacht.
84 Biogr., AdK 1414
85 Ebd.
86 Dresdner Neueste Nachrichten, 1920, in: Rudolf von Laban: Die Welt des Tänzers. Stuttgart 1920, S. 254f.
87 Otto Flake, in: Wort und Ton 1921, Jg. III, Nr. 43, AdK
88 Vgl. Valeska Gert, in: Frank-Manuel Peter: Valeska Gert. Berlin 1987, S. 30, S. 35
89 Sorell: Ein Vermächtnis, S. 52
90 AdK Kritiken
91 Kritikerzitat in einem Werbeprospekt 1923, AdK 2348, 1–5
92 Später, schreibt Prinzhorn, gibt es böse Auseinandersetzungen zwischen den beiden, die erst nach langen Jahren wieder die alte Freundschaft zulassen.
93 Sorell: Ein Vermächtnis, S. 53
94 Wigman: Sprache des Tanzes, S. 108
95 Elisabeth Wigman (Wiegmann), 1894–1981, ebenfalls schon als Kind sehr musisch begabt, stand immer im Schatten ihrer Schwester Mary. Diese hat sie aber vor allem als pädagogisch sehr begabt bezeichnet.
96 Bach: Das Werk, S. 15
97 Anni Hess (11. 12. 1894 Kaiserslautern – 29. 5. 1982 Berlin); nach dem Tod von Mary Wigman wohnt sie weiter in der Taubertstraße, danach in einem Seniorenheim in Berlin.
98 Sorell: Ein Vermächtnis, S. 20
99 Nolde schreibt in seiner Autobiographie «Jahre der Kämpfe» (Köln 1991): «In Hellerau sahen wir Mary Wigman als junge Anfängerin und folgten ihr, bis sie die große Neugestalterin des Tanzes wurde. Ihre Freundschaft zu uns während der Jahrzehnte nachher war gesteigert, wenn auf der Bühne sie tanzte und ich in Spannung mit meinen Farben sie zeichnete.»
100 Sorell: Ein Vermächtnis, S. 65
101 Palucca tanzt im «Sommernachtstraum», Kreutzberg in Kokoschkas «Mörder, Hoffnung der Frauen», Hanya Holm in Strawinskys «Geschichte vom Soldaten».
102 Bach: Das Werk, S. 9
103 Brief von Hans Prinzhorn, 22. Nov. 1922. Über Hans Prinzhorn hat Prof. Dr. med. Wolfgang Geinitz, Heidelberg, geforscht, Material und Briefe gesammelt. Aus seinem Archiv stammen die meisten Informationen und alle Zitate.
104 Unterlagen in: Stadtbibliothek Winterthur, Handschriftenabteilung
105 Briefwechsel Wigman – Reinhart und Briefe über Wigman von Reinhart und Prinzhorn, in: Stadt-

bibliothek Winterthur, Handschriftenabteilung
106 An G. Reinhart, 23. 9, 1923, Stadtbibliothek Winterthur, Handschriftenabteilung
107 An Martha Reuther, 26. 6. 1940, Sammlung Heinemann; auch deren Adresse wurde vom NS-Finanzamt verlangt.
108 7. 11. 1923. Vgl. Anm. 103
109 Biogr. Mappe 2, AdK 1433
110 Biogr. 1961, AdK 1557
111 Hannoversches Tageblatt, 22. 9. 1922, AdK Kritiken
112 Vossische Zeitung, 28. 4. 1922 AdK Kritiken
113 Ebd., 27. 4. 1922
114 Hans W. Fischer, Körperschönheit und Körperkultur. Berlin 1928, S. 233
115 Oscar Bie, Berliner Börsen-Courier, 28. 9. 1921
116 Bach: Das Werk, S. 13 f.
117 Viele Tänzerinnen und Tänzer stehen in jenen Jahren im Rampenlicht der Ausdruckskunst, und in vielen Städten und Schulen wird Schülern und Laien etwas vom neuen Tanz vermittelt.
118 Biogr. Mappe 1, AdK 1433
119 Aufruf der Gesellschaft anläßlich des Hamburger Gastspiels von Mary Wigman. In: Der Kreis. Zeitschrift für künstlerische Kultur. Heft 2, Hamburg 1926
120 Ernst Schlegel (geb. 1882) bezeichnet sich als Ingenieur, Flieger und Verleger, es ist wenig über ihn bekannt. Die Ehe mit Marie-Luise Binswanger gilt von seiten der berühmten Arztfamilie als Mesalliance, sie wird 1931 geschieden, Schloß Uttwil verkauft.
121 Brief von H. Prinzhorn, der ihr dorthin zu Hilfe eilt. Vgl. Anm. 103
122 Biogr. Mappe 1, AdK 1433
123 Ebd., Mappe 7
124 Oscar Bie: Ein Porträt. In: Dresdner Neueste Nachrichten
125 Aufz., AdK 1669
126 Aufz., AdK 1452
127 Artur Michel, Berlin. In: Sorell: Ein Vermächtnis, S. 87 f.
128 Sorell: Ein Vermächtnis, S. 126
129 Wigman: Sprache des Tanzes, S. 37 f.
130 Tgb. 1915–24, AdK 1670
131 Bach: Das Werk, S. 16
132 Im Prospekt zur Einweihung des Umbaus werden erwähnt «größere Bauzuschüsse der Stadt Dresden, des Sächsischen Staates, des Deutschen Reiches, Schweizer Freunde traten hinzu», Dada-Archiv I:55. Reinhart schickt zu den jährlichen 1000 sFr. im September 1926 noch 8000 sFr., das ist seine letzte Überweisung. In: Stadtbibliothek Winterthur, Handschriftenabteilung
133 Biogr., Mappe 1, AdK 1433
134 Eine ausführliche Darstellung der unterschiedlichen Tanzauffassungen und ihrer Kontroversen auf dem Tänzerkongreß: in Müller: Leben und Werk, S. 145 f., und Müller/Stöckemann: Ausdruckstanz in Deutschland. 1900–1945
135 Biogr. Mappe 1, AdK 1433
136 Ebd.
137 Joseph Lewitan, in: Der Tanz. Jg. 2, Heft 7, Mai 1929
138 Frank-Manuel Peter: Valeska Gert. Berlin 1987, S. 42
139 Joseph Lewitan, vgl. Anm. 137
140 Biogr. Mappe 1, AdK 1433
141 Ebd.
142 Ebd.
143 Wigman: Sprache des Tanzes, S. 89 f.
144 Marion Kant: Mary Wigman. Die Suche nach der verlorenen Welt. In: tanzdrama, Heft 26, Okt. 1994, S. 21
145 Aufz. Mappe 1–3, AdK 1377
146 Die Schule muß 1936 in «Hanya-Holm-Schule» umbenannt werden.
147 Tgb. 1937–40, AdK 150
148 Rundfunksendung, 16. 1. 1931, AdK 1452
149 Müller: Leben und Werk, S. 213

150 Tgb. 1933/34, AdK 149; alle Angaben in diesem Abschnitt ebd.
151 An Martha Reuther, 16. 5. 1933
152 Karina/Kant: Tanz unterm Hakenkreuz, S. 207 f. In einem Brief vom 11. 7. 1933 an ihre Schulen schreibt Mary Wigman: «[…] die personellen und fachlichen Voraussetzungen (Arierparagraph etc.) werden strikte berücksichtigt.»
153 Gesetz und die «erste Verordnung zu dessen Durchführung» vom 25. April 1933 im Reichsgesetzblatt Nr. 43, S. 225
154 Ministerium für Volksbildung, Rat zu Dresden, 5. 8. 1933, Schulamt. In: Stadtarchiv Dresden, Nr. 1400, Bd. I, S. 111 u. S. 87. Die Fragebögen der Lehrkräfte mit «Arierparagraph» («im Sinne der ersten Verordnung vom 11. April 1933 zur Durchführung des Gesetzes zur Wiederherstellung des Berufsbeamtentums vom 7. April 1933») sind am 13. 7. 1933 unterzeichnet. Der auffallende Nachname der Großmutter, Katz, stammt von einem nicht-jüdischen Bauerngeschlecht aus Eldagsen bei Hannover.
155 An Martha Reuther, 25. 10. 1933
156 Tgb. 1933/34, AdK 149
157 Allgemeine und personenbezogene Informationen: persönliche Einsichtnahme in unterschiedliche Akten der NS-Zeit in BA. Zum Aufbau des NS-Kulturapparates: Boguslaw Drewniak: Das Theater im NS-Staat. Düsseldorf 1983, S. 13 f.
158 Die Wigman-Schule ist als Institut für «Tanz und Gymnastik» in der «Fachschaft für Gymnastik und Tanz» im NSLB; ab 1936 nur noch «Ausbildung für künstlerischen Tanz», daher in der «Fachschaft Tanz» der RThK. Vgl. Anm. 154, S. 167 u. S. 175
159 BA, Vorwort zum Findbuch 50.01/238, Tanz Allgemein
160 Otto von Keudell zum Beispiel ist als Ministerialrat im Propagandaministerium für das Tanzwesen zuständig und bis zu seiner Versetzung Juli 1936 ein konstruktiver Gesprächspartner. Er fordert offiziell Maßnahmen zur Unterstützung «der vorbildlichen vier Schulen des deutschen Kunsttanzes Wigman, Palucca, Laban, Günther», allerdings aus Prestigegründen. Ihm dankt Mary Wigman in einem Brief 1934 für «tatkräftige Unterstützung». BA. 50.01/237 S. 207 f., und Karina/Kant: Tanz unterm Hakenkreuz, S. 213–216. In v. Keudells Nachfolger, Rolf Cunz, hat der künstlerische Tanz keinen Fürsprecher mehr, er favorisiert den Theatertanz.
161 Gret Palucca zum Beispiel, nach NS-Terminologie «Halbjüdin», kann in ihrem Beruf tätig bleiben. 1936 erhält sie eine Sondergenehmigung (erneuert 1944), zwar nicht an staatlichen Bühnen, aber in eigenen Tanzabenden aufzutreten. Ihre Schule jedoch wird im März 1939 geschlossen.
162 Die Jüdinnen Margarete Wallmann und Gertrude Engelhardt, beide Leiterinnen der Berliner Wigman-Schule, flüchten, ebenso Pola Nirenska, zuvor Tänzerin in Wigmans Tanzgruppe. Viele andere jüdische und/oder kritische, politisch «unzuverlässige» Künstler wie Valeska Gert müssen sich ab 1933 in Sicherheit bringen.
163 Kurt Jooss emigriert im September 1933, als er erfährt, daß er verhaftet werden soll. Er wehrte sich, als man ihn zwingen will, den für sein Werk wichtigsten musikalischen Mitarbeiter, Fritz Cohén, und einige Tänzerinnen aus «rassischen» Gründen zu entlassen. Mit ihm und den Ensemblemitgliedern setzt er sich nachts über die holländische Grenze ab. In: Kurt Jooss. Dokumentation von Anna u. Hermann Markard. Essen 1985.
164 Laban hat bereits im Juli 1933 alle «nicht-arischen Schüler aus

den Kinderklassen entfernt», während erst 1938 alle «nicht-arischen» Kinder aus Schulen ausgeschlossen wurden. Karina/Kant: Tanz unterm Hakenkreuz, S. 85. Fritz Böhme, langjähriger Rezensent des künstlerischen Tanzes, schreibt bereits 1933 an Goebbels persönlich vom Tanz als dem «Hüter rassischer Güter» u. a. m. Vgl. Karina/Kant: Tanz unterm Hakenkreuz, S. 210 und BA 50.01/237, S. 178 f.

165 Vgl. die in der Bibliographie genannten Titel von Müller/Stöckemann, Karina/Kant, U. Fraefel, S. Manning.

166 Arbeitslose Tänzer und Tänzerinnen erhalten in der «deutschen Tanzbühne» kostenlosen Unterricht oder die Möglichkeit zu KdF-Gastspielen.

167 Vortrag, um 1918, Perrottet-Archiv II. 91:56. Laban hat sich mit dieser Überzeugung vom Wert der Tänzer-Gemeinschaft und wohl auch aus persönlichem Ehrgeiz mit dem Nazi-Regime gut arrangiert.

168 An Martha Reuther, 13. 5. 1933, diese war von Anfang an gegen das NS-Regime eingestellt.

169 Tgb. 1933/34, AdK 149

170 Tgb. 1937–40, AdK 150

171 Sie hat ihre langjährigen Mitarbeiter Hanns Hasting und Gretl Curth, die beide als Parteimitglieder gegen sie intrigieren, bei der Übernahme der Wigman-Schule unterstützt.

172 Mary Wigman: Deutsche Tanzkunst. Dresden 1935, S. 12 f.

173 Ebd., S. 15 f.

174 Vgl. die Ausführungen von R. v. Delius 1914, vgl. Anm. 55

175 Viktor Klemperer: LTI. Notizbuch eines Philologen. Leipzig 1975, S. 22

176 Vgl. Müller: Leben und Werk, S. 241

177 An Martha Reuther, 11. 9. 1935

178 Tgb. 1933/34, AdK 149

179 Die Tagebücher des Joseph Goebbels, 27. Juni 1937. Bd. 3. München 1987, S. 187

180 An Martha Reuther 27. 7. 1936. Vgl. Karina/Kant: Tanz unterm Hakenkreuz, S. 259 ff., 287 und BA 50.01/240, S. 70: bisherige Unterstützung erhält sie nur für die Tanzwettspiele, weitere wird abgelehnt, ein Sich-selbst-Erhalten der Gruppe «wäre nicht einmal wünschenswert».

181 Vgl. Karina/Kant: Tanz unterm Hakenkreuz, S. 254, 287, 262. R. v. Laban ist Initiator und zeitweise Leiter der Tanzbühne und der Meisterwerkstätten, seine Rolle im Ränkespiel um Besetzungen ist nicht deutlich; künstlerisch und persönlich haben er und Mary Wigman sich nichts mehr zu sagen.

182 Fritz Böhme in einer Adresse an den Reichsminister Goebbels, 1933. Vgl. BA 50.01/237, S. 178 und Karina/Kant: Tanz unterm Hakenkreuz, S. 211

183 Biogr. Mappe 1, 1935, AdK 1433

184 Tgb. 1941/42 (11.41), AdK 151

185 Ebd.

186 Vgl. Marion Kant, in: tanzdrama 1994, Nr. 25/26/27

187 Tgb. 1944/45 (9. 4. 45), AdK 155

188 Tgb. 1942/43, AdK 152 und Tgb. 1941/42 (1.42), AdK 151

189 Tgb. 1935 (28. 5. 35), AdK 143

190 Vgl. Anm. 154, S. 121, S. 113 f., S. 175 f. Im September 1936 übernimmt er «ausschließlich» die Ausbildung für «Deutsche Gymnastik» in der Zweigschule Hamburg, «deren Inhaber er ist». Der Wigman-Schule fehlen damit die Schülerinnen für Gymnastik. Seine Nachfolgerin für Rassenkunde wird Charlotte Dorning.

191 Tgb. 1933/34 (26. 9. 34), AdK 149

192 Ebd. (11.34)

193 Ebd. (9. u. 10.34)

194 Ebd.

195 Vgl. Karina/Kant: Tanz unterm Hakenkreuz, S. 249

196 Die Tagebücher des Joseph Goebbels. Bd. 2, München 1987, S. 630

197 Ob von den zur «Totenklage» zusätzlich engagierten Tänzerinnen tatsächlich der «Ariernachweis» gefordert wurde, was auf Grund eines Aktenfundes Mary Wigman vorgeworfen wird, muß offenbleiben, es findet sich kein unterschriebenes Formular. Der «Ariernachweis» wurde allgemein bei Einstellungen verlangt, zur Olympiade weniger konsequent; in jenem Jahr war Parteimitglied Hans Huber in der Leitung der Schule.

198 «Olympische Jugend», Festschrift zur Aufführung im Olympiastadion am Eröffnungstag 1. 8. 1936, 21 Uhr. Archiv Topographie des Terrors, Berlin

199 Tgb. 1937, AdK 153

200 An Martha Reuther, 27. 7. 1936. In Zeitungen wird diese Ehrung auch erwähnt.

201 Tgb. 1937, AdK 153. Dieser Satz erscheint auch in einem Brief an Ref. Rolf Cunz im Propagandaministerium.

202 Ebd.

203 Ebd. (10. 2., 15. 7. 37)

204 Wigman: Sprache des Tanzes, S. 79

205 Hans Martin Cremer, Berlin, in: Tgb. 1937–40, AdK 150

206 Tgb. 1940/41, AdK 154

207 Tgb. 1937–40 (4. 9., 6. 10. 39), AdK 150

208 Wigman: Sprache des Tanzes, S. 81

209 Tgb. 1940/41, AdK 154

210 Ebd. (13. 5. 41)

211 Das Haus gehört heute dem Freistaat Sachsen, es wird von der Staatsoper Dresden genutzt als Opernchor-Studio und kleine Theaterspielstätte im ehemals «gelben Saal». Eine Bronzetafel, eine Zeittafel und die Büste von Prof. Johannes Rogge als ständige Leihgabe der Stadt Dresden erinnern an Mary Wigman.

212 Vortrag Sommerkurs Zürich 1948, Dada-Archiv II:83; Wigman: Sprache des Tanzes, S. 82

213 Rudolf Maack, Hamburg 15. 2. 1942, in: Tgb. 1941/42, AdK 151

214 Tgb. 1945–47 (5. 1. 47), AdK 1672

215 Wigman: Sprache des Tanzes, S. 88

216 Tgb. 1941/42 (10. 12. 41), AdK 151

217 Tgb. 1942/43, AdK 152

218 Tgb. 1943/44 (7./9. 12. 43), AdK 156

219 Tgb. 1944/45 (8. 5. 45), AdK 155

220 Tgb. 1945 (22. 9. 45), AdK 1673

221 Bestätigung von der Dresdner Bank, 29. 4. 1998

222 Tgb. 1945–47 (11. 3. 47), AdK 1672

223 Tgb. 1944/45 (22. 4. 45), AdK 155

224 Tgb. 1945–47 (6. 46), AdK 1672

225 Tgb. 1945 (9. 45), AdK 1673

226 Tgb. 1945–47 (13. 7. 47), AdK 1672

227 Tgb. 1944/45 (10. 6. 45), AdK 155

228 Tgb. 1945, AdK 1673

229 Tgb. 1945–47, AdK 1672

230 Ebd. (15. 10. 46)

231 Ebd. (9. 11. 46)

232 Rundfunk-Vortrag 30. 1. 48. AdK 1611. Im Rednerverzeichnis des Volkskongresses ist Mary Wigman nicht aufgeführt. In: BA Bestand Volkskammer DDR, DA 1/3335

233 Tgb. 1945 (13. 11. 45), AdK 1673

234 Tgb. 1948/49 (2. 49), AdK 1660

235 Von fast all ihren Sommerreisen gibt es Skizzenbücher, immer schon hat sie auf Reisen gezeichnet.

236 Tgb. 1954–57 (7. 54), AdK 148

237 Kurt Jooss, 1927 Mitbegründer der Folkwangschule in Essen, kehrte 1949 aus der Emigration nach Essen zurück.

238 Tgb. 1952–54, AdK 1655

239 Ebd.
240 Georg Zivier in: Die Neue Zeitung, Juli 1953, AdK Kritiken
241 Die Mannheimer Aufführungen mit Bühnenbildner Paul Walter und Kostümbildnerin Gerda Schulte, die sie beide auch aus der Leipziger Zeit kennt.
242 Dietrich Steinbeck: Mary Wigmans Choreographisches Skizzenbuch 1930–1961. Berlin 1987
243 Tgb. 1957–59 (9. 57), AdK 157
244 Steinbeck: Skizzenbuch, s. Anm. 242, S. 101
245 Beide Kritiken ohne Angaben im Tagebuch eingeklebt.
246 Brief vom 11. 5. 1960, in Privatbesitz
247 Im persönlichen Gespräch, November 1997
248 Norbert Servos: Pina Bausch, Wuppertaler Tanztheater. Seelze-Velber 1996, S. 24
249 Tgb. 1954–57 (Sommer 54), AdK 148
250 Das Haus ist heute ein privat geführtes Seniorenheim.
251 An Walter Sorell, in: Sorell: Ein Vermächtnis, S. 15
252 An Horst Koegler, in: Stuttgarter Zeitung, 20. 9. 1973, AdK Kritiken
253 An Marie Freddi, 27. 1. 1958, Sammlung Heinemann
254 Wigman: Sprache des Tanzes, S. 74
255 Aufz., AdK 2000, Die Schule
256 Tgb. 1915–24, AdK 1670
257 In persönlichen Gesprächen mit H. Gottschild, November 1997, mit M. Chmièl, November 1994
258 Aufz. Mappe 2, AdK 1561, Die Wigman Schule
259 Wigman: Sprache des Tanzes, S. 9
260 Aufz., AdK 1634, Tänzerische Berufsausbildung
261 Gundel Eplinius. In: A. Rannow/R. Stabel: Mary Wigman in Leipzig. Leipzig 1994, S. 139 f.
262 Zusammenfassung verschiedener Aussagen. Vgl. auch Vera Skoronel: Zur Tanzmatinee in der Volksbühne, Berlin 1930, AdK.
263 Aufz., AdK 1530, Tanz und Musik
264 Aufz., AdK 1494, Die Tanzmaske
265 Wigman: Sprache des Tanzes, S. 92 f.
266 Marion Kant: Die Suche nach der verlorenen Welt. In: tanzdrama 1994, Heft 26, S. 21
267 Wigman: Sprache des Tanzes, S. 108
268 Pina Bausch, Interview, in: Frankfurter Rundschau, 17. 10. 1998

Zeittafel

1886 Am 13. November wird Karoline Sophie Marie Wiegmann in Hannover als Tochter des Kaufmanns Heinrich Friedrich Wiegmann und seiner Frau Amalie, geborene Jacobs, geboren. (Künstlername Mary Wigman ab 1918)

1892 Einschulung in die Höhere Töchterschule, Hannover.

1900–10 Schulentlassung, Sprachaufenthalte in England, in der französischen Schweiz, zwei Verlobungen aufgelöst.

1910–12 Hellerau, Schülerin bei Emile Jaques-Dalcroze.

1912/13 Reise nach Rom vom November 1912 bis April 1913.

1913 Monte Verità, Schülerin bei Rudolf von Laban.

1914–19 In München und Zürich in Rudolf von Labans «Schule für Kunst», in den Sommermonaten auf dem Monte Verità. Erste Tänze: *Hexentanz (I)*; *Lento*; *Ekstatische Tänze*

1918–19 Davos, Genesungsaufenthalt, Erfolg als Tänzerin. Erste Tournee nach Deutschland, nach Mißerfolgen erste Erfolge in Hamburg und Dresden.

1920 Dresden (bis 1942), Erfolg und Anerkennung; Eröffnung der Wigman-Schule.

1921 Will Goetze musikalischer Leiter an der Wigman-Schule. Kammertanzgruppe, *Die sieben Tänze des Lebens*, Partnerschaft mit Hans Prinzhorn, Beginn der ausgedehnten Tournee-Reisen.

1922/23 Gründung der «Mary-Wigman-Gesellschaft» durch Prinzhorn. Erweiterung der Gruppe zur «Mary-Wigman-Tanzgruppe». *Skizzen aus einem Tanzdrama*, Trennung von Prinzhorn, Aufenthalt in Uttwil (jeweils im Sommer bis 1929).

1924 *Szenen aus einem Tanzdrama*, Gründung der «Gesellschaft von Freunden der Mary-Wigman-Tanzgruppe» durch Ernst Schlegel, Verwaltungsrat der Schule. Partnerschaft mit Herbert Binswanger, *Tanzmärchen*.

1925/26 Beginn des Zyklus *Visionen*: die *Gestalttänze*; weitere Tänze: *Totentanz (II)*, *Hexentanz (II)*, *Drehmonotonie*.

1927/28 12. Dezember: Eröffnung des Erweiterungsbaus der Schule. *Die Feier (II.)*. 2. Tänzerkongreß in Essen, Auflösung der ersten Tanzgruppe aus finanziellen Gründen.

1929/30 Will Goetze und Ernst Schlegel verlassen die Schule, Hanns Hasting neuer musikalischer Mitarbeiter. Trennung von Herbert Binswanger. *Schwingende Landschaft*. Partnerschaft mit Hanns Benkert, dieser wird neuer Verwaltungsrat der Schule.

1930 Choreographie *Totenmal*, Solo: *Tanz des Leides* von Albert Talhoff, München, mit neuer Tanzgruppe.

1930–33 *Opfer* (1931); *Der Weg* (1932). Jeweils November bis März: dreimonatige Tourneen durch die USA mit *Schwingende Landschaft*; *Opfer*; *Der Weg*.

1933 Beginn der nationalsozialistischen Herrschaft. Erzwungene Gleichschaltung durch Mitgliedschaft in NSLB und Reichskultur-/Reichstheaterkammer. Finanzschwierigkeiten, Auflösung der Tanzgruppe.

1934 *Frauentänze* mit neuer Tanzgruppe bei den Tanzfestspielen 1934; Gastlehrvertrag an der «Deutschen Tanzbühne».

1935 *Tanzgesänge* bei den Tanzfestspielen 1935. Veröffentlichung von *Deutsche Tanzkunst*.

1936 Gastlehrvertrag an den «Deutschen Meisterwerkstätten für Tanz». Choreographie und Solo *Totenklage* in «Olympische Jugend» bei den Olympischen Spielen. Tanz-Wettspiele. Danach Auflösung der letzten Tanzgruppe. Keine staatliche Unterstützung mehr.

1937–41 Nur noch Solo-Gastspiele, *Herbstliche Tänze.* Trennung von Hanns Benkert.

1942 31. März: Verkauf der Schule, Umzug nach Leipzig, Gastlehrvertrag an der Hochschule für Musik, letztes Soloprogramm: *Tanz der Brunhild, Tanz der Niobe, Abschied und Dank,* letzte Vorstellung am 27. April in Leipzig.

1943 6. Juli: Choreographie «Carmina Burana» von Carl Orff, Opernspielstätte, Leipzig.

1945 Ende des Krieges und der NS-Herrschaft, politische Auftritte, ab September Wigman-Schule in ihren Privaträumen.

1946 16. Juli: Schüleraufführung *Aus der Not der Zeit.* Zusammenarbeit mit der Hochschule für Musik, Leipzig.

1947 22. März: Inszenierung «Orpheus und Eurydike» von Ch. W. Gluck, Spielstätte Dreilinden, Leipzig.

1948–57 Sommerkurse in der Schweiz (Zürich, Magglingen, Montreux); Reisen in Europa.

1949 4. Juli: Umzug nach West-Berlin, Aufbau des Wigman-Studios, Rheinbabenallee 35.

1953 *Chorische Studien,* Solo *Die Seherin/Die Straße* 11. Januar in Berlin und 26./27. Juni bei den Ruhrfestspielen Recklinghausen. Verdienstkreuz des Verdienstordens der Bundesrepublik.

1954 «Saul» von G. F. Händel, Choreographie und Inszenierung, Mannheim; Schillerpreis Mannheim.

1955 «Catulli Carmina» und «Carmina Burana» von Carl Orff, Choreographie und Inszenierung, Mannheim.

1957 «Le sacre du printemps» von Igor Strawinsky, Choreographie und Inszenierung, Berlin; Bundesverdienstkreuz.

1958 «Alkestis» von Ch. W. Gluck, Choreographie und Inszenierung, Mannheim; Reise in die USA.

1961 «Orpheus und Eurydike» von Ch. W. Gluck, Choreographie in der Inszenierung von Gustav Rudolf Sellner, Berlin.

1963 Veröffentlichung *Sprache des Tanzes.*

1967 16. Juli: Schließung des Wigman-Studios.

1969 Reise nach Israel.

1973 Am 18. September stirbt Mary Wigman; die Urne wird auf dem Friedhof in Essen beigesetzt.

Zeugnisse

Münchner Neuste Nachrichten
Interessante Experimente vermitteln den Eindruck, daß der reine Tanz, also ohne Begleitung, als künstlerische Original-Schöpfung zu bestehen vermag.
27. 1. 1914

Maria Benemann
Mary Wigman fand den ersten großen Wurf der geschlechtsstarken Frau. Sie bekennt den Körper in seiner vollen Wahrhaftigkeit mit der ganzen Herbheit und Klarheit eines starken Verstandes.
Weimarsche Landeszeitung, 1920

Hans Brandenburg
Ihr Tanz ist das überwältigende Phänomen der Bewegung, ja so etwas wie eine Phänomenologie der Bewegung schlechthin.
Der moderne Tanz, 1921

Alfred Günther
Ihre Tat ist nicht gebunden an ihre Persönlichkeit. Ihr Tanzwerk wird mit ihr vergehen. Aber was sie eroberte, bleibt Besitz von Generationen.
Die Neue Schaubühne, Dresden 1921

Leipziger Volkszeitung
Sie zeichnet ein Mangel an elementarem Körpergefühl aus, mehr noch ein Mangel an musikalischem Feingefühl. Den Namen «Tänzerin» kann man ihr mit gutem Gewissen eigentlich nicht geben.
April 1922

Joseph Lewitan
Mary Wigman jagt in ihrem tänzerischen Drang einem in Wirklichkeit nicht existierenden Phantom nach: Der Illusion einer absoluten, abstrakten Tanzform, eines metaphysischen Tanzes – doch es wird stets mit menschlich bedingten Formen und konkreten Mitteln geschaffen.
Der Tanz, 1929

Jo van Ammers-Küller
Zweifellos ist sie eine Persönlichkeit mit ungewöhnlich kraftvollem Charakter und starkem Willen, der die Maßlosigkeit ihrer Natur zu zügeln vermag. Sie muß – das ist bei einem Schaffensdrang wie dem ihren nicht anders denkbar – sehr egozentrisch sein. Ich glaube, daß diese Frau ebenso maßlos lieben wie grundlos hassen kann, ebenso inbrünstig genießen wie erbittert verachten.
Interview, 1935

M. Lipps
Es ist nicht nur ein ästhetischer Genuß, Mary Wigman beim Unterricht sprechen zu hören und sich bewegen zu sehen. Man spürt eine Einheit von Sprache, körperlichem Ausdruck und Mimik, die unwillkürlich ist, aus ihrem ganzen Sein fließt. Hinter der Bewegung steht die ganze Persönlichkeit dieser Frau.
Zürich, 1948

Georg Zivier
Es liegt ein besonderer Widersinn darin, daß Mary Wigman, zur Bühnentänzerin und Bühnenchoreographin prädestiniert wie wenige in Deutschland, während ihrer besten Jahre gewissermaßen neben der Bühne her tanzen mußte.
Berlin und der Tanz, o. J.

Rudolf Maack
Ihr Tanz war bedeutend, weil er uns was bedeutete.
Die Zeit, 11. 11. 1966

Klaus Geitel
Ein Scherzwort ging um: «Als Gott die Pawlowa erschuf, sagte er: Du

tanzt! – und sie tanzte. Als Gott die Wigman erschuf, sagte er: Du tanzt nicht! Und sie tanzte doch!» Genau das war es. Die Wigman tanzte gegen jeden Einwand. Sie tanzte jeden Widerspruch nieder.
Die Welt, 13. 11. 1986

Aune Renk
Mary Wigman suchte für ihre Arbeit einen Weg zwischen Neutralität gegenüber der nationalsozialistischen Staatspolitik und «Mitmachen» auf ihrem Arbeitsgebiet, zwischen bürgerlich-humanistischem Individualismus, der philosophisch vom Irrationalismus her begründet wurde und deshalb in die Stimmung des Jahres 1933 paßte, und dem Sieg des faschistischen «Kollektivismus über das Individuum», wie sie es 1937 in ihrem Tagebuch selbst formulierte.
Schriftenreihe der Akademie der Künste der Deutschen Demokratischen Republik 1989

Marion Kant
Hiermit sollte skizziert werden, daß Mary Wigman nicht hilflos und zufällig in eine Situation der Abhängigkeit geriet, nicht ausgeliefert war und nicht anders konnte, sondern daß sie bewußt Verbindungen einging und selbst für ihr politisches Engagement im 3. Reich verantwortlich zu machen ist.
Schriftenreihe der Akademie der Künste der Deutschen Demokratischen Republik 1989

Ursula Pellaton
In Deutschland ließ sich der Ausdruckstanz seit 1933 seiner Selbständigkeit berauben und diskreditierte sich im Dienst der Nazi-Propaganda.
Tanz und Gymnastik – Zeitschrift des Schweizerischen Berufsverbandes für Tanz und Gymnastik, 1994

Lotti Huber
In Zypern spielte ein griechisches Ensemble «Die Perser» von Aischylos. Als ich den Klagechor mit seinen wundervoll freien Bewegungen sah, fragte ich: «Hat dieser Choreograph in Deutschland studiert? Das ist Ausdruckstanz, das ist wie bei Mary Wigman.» Und richtig, er hatte in Deutschland studiert.
Jede Zeit ist meine Zeit, 1994

Sylvie Guillem
Der Hexentanz von 1926 – wie schwierig es für mich war, mich diesem persönlichen Stil zu nähern – um so tanzen zu können wie Mary Wigman, müßte ich sie sein, ihr Leben haben, ihre Persönlichkeit, ihre Gefühle, ihre Bildphantasie und ihr Zeitmaß. Ein faszinierender Teil der Vergangenheit. In der Tat sehr modern, überhaupt nicht verstaubt und uninteressant.
tanzdrama, 1998

Pina Bausch
Die große Mary Wigman. Ich fühle mich ihr tief verbunden. Leider, leider habe ich sie nie gesehen. Eines ihrer Bühnentücher in meiner Wohnung läßt mich sehr oft an sie denken.
Ein Gedanke zu diesem Buch, 1998

Bibliographie

Mary Wigman: Die Sprache des Tanzes. Stuttgart 1963
–: Deutsche Tanzkunst. Dresden 1935
–: Komposition. Zusammenfassung für die Schüler. In: Seebote, Überlingen 1925
Aufsätze und Artikel aus verschiedenen Zeiten im Mary-Wigman-Archiv in der Akademie der Künste, Berlin.
Mary Wigmans Choreographisches Skizzenbuch 1930–1961. Hg. von Dietrich Steinbeck. Berlin 1987

Biographische Darstellungen

Bach, Rudolf: Das Mary Wigman-Werk. Dresden 1933
Delius, Rudolf von: Mary Wigman. Dresden 1925
Müller, Hedwig: Mary Wigman, Leben und Werk der großen Tänzerin. Hg. von der Akademie der Künste. Weinheim, Berlin 1986
Rannow, Angela, Stabel, Ralf: Mary Wigman in Leipzig. Eine Annäherung an ihr Wirken für den Tanz in Leipzig in den Jahren 1942–1949. Leipzig 1994
Sorell, Walter: The Mary Wigman Book. Middletown, Ct. 1973
–: Mary Wigman. Ein Vermächtnis. Wilhelmshaven 1986
Zivier, Georg: Mary Wigman, Harmonie und Ekstase. Zum siebzigsten Geburtstag. Hg. von der Akademie der Künste. Berlin 1956

Aspekte des Werks

Ausdruckstanz. Eine mitteleuropäische Bewegung der ersten Hälfte des 20. Jahrhunderts. Wilhelmshaven 1992
Böhme, Fritz: Tanzkunst. Dessau 1926
–: Rudolf von Laban und die Entstehung des modernen Tanzdramas. Berlin 1996
Brandenburg, Hans: Der moderne Tanz. München 1921
Fischer, Hans W.: Körperschönheit und Körperkultur. Berlin 1928
Fraefel, Ursula: Vom Podium zum Stadion – von der Kollaboration zur Zensur. Kunst und Politik im Nationalsozialismus. Lizentiatsarbeit, Phil. Fakultät, Zürich 1993
Karina, Lilian, Kant, Marion: Tanz unterm Hakenkreuz. Berlin 1996
Laban, Rudolf von: Die Welt des Tänzers. Stuttgart 1922
–: Ein Leben für den Tanz. Dresden 1935
Lindner, Kurt: Die Verwandlungen der Mary Wigman. Freiburg (Br.) 1929
Manning, Susan: Ecstasy and the Demon. Feminism and Nationalism in the Dances of Mary Wigman. Berkeley Cal. 1993
–: Body Politic. The Dances of Mary Wigman. Dissertation, Columbia University, New York 1987
Müller, Hedwig: Die Begründung des Ausdruckstanzes durch Mary Wigman. Dissertation, Universität Köln 1986
–, **Stöckemann, Patricia:** «... jeder Mensch ist ein Tänzer.» Ausdruckstanz in Deutschland zwischen 1900 und 1945. Gießen 1993
Perrottet, Suzanne: Ein Bewegtes Leben. Weinheim, Berlin 1995
Robinson, Jacqueline: Mary Wigman – Le Langage de la danse. (Die Sprache des Tanzes) Paris 1986
Schlicher, Susanne: Tanztheater.

Traditionen und Freiheit. Reinbek bei Hamburg 1987
Schriftenreihe der Akademie der Künste der Deutschen Demokratischen Republik: Sprache des Tanzes – Mary Wigman. Heft 1, Berlin 1986
Shelden-Howe, Dianne: Manifestations of the German Expressionist Aesthetic as Presented in Drama and Art in the Dances and Writings of Mary Wigman. Dissertation, University of Wisconsin, Madison 1985
Steffens, Dagmar: Der Einfluß der Arbeit Mary Wigmans auf die Leibeserziehung ihrer Zeit. Diplomarbeit, Deutsche Sporthochschule Köln 1969/70

NAMENREGISTER

Die kursiv gesetzten Zahlen bezeichnen die Abbildungen

Über die Autorin

Nach Studium (Theaterwissenschaft, Musik, Philosophie) und Promotion praktische Theaterarbeit als Regieassistentin und Dramaturgin an verschiedenen Theatern. Schriftstellerische Tätigkeit, Essays, Libretti, Mitspieltheater, Kindertheater. Veröffentlichungen in Anthologien und freie Mitarbeit an Zeitungen als Rezensentin. Gabriele Fritsch-Vivié erhielt den Würzburger Literaturpreis, veröffentlichte 1993 die Monographie über Nelly Sachs (rororo monographie 496), dazu aus Texten der Nelly Sachs eine Collage für eine Schauspielerin.

Quellennachweis der Abbildungen

Aus: Rudolf Bach: Das Mary Wigman-Werk. Mit Beiträgen von Mary Wigman und 80 Abbildungen. Dresden 1933: Umschlagvorderseite, 3, 67

Stiftung Archiv der Akademie der Künste, Berlin (Mary-Wigman-Archiv, Archivnr. 83/73/...): Umschlagrückseite oben (1955), Umschlagrückseite unten (104), 11 (1942), 19 (1898), 20 (35), 38 (1908), 44 (28), 45 (476), 51 (1869), 52 (1185), 53 (1145), 63 (1733), 64 (1734), 71 (209), 73 (179), 80 (466), 81 (350), 83 (713), 86 (139), 87 (911), 89 (517), 90 (1891), 92 (1793), 104 (1800), 105 (1809), 108 (483), 110 oben (1799), 110 unten (496–33), 111 (1167), 121 (1860), 122 (133), 125 (50), 126 (665), 135 (968), 137 (289), 139 (2429)

Privatbesitz Gabriele Fritsch-Vivié, Berlin: 7, 13, 18, 64, 103, 141

Privatbesitz Marlies Heinemann / Mary Wigman Gesellschaft, Köln: 16, 17, 58, 72 (© Deutsches Tanzarchiv Köln), 78, 106, 120

Aus: Suzanne Perrottet. Ein bewegtes Leben. Text und Bilder bearbeitet und ausgewählt von Giorgio J. Wolfensberger. Weinheim, Berlin 1995: 26

Museum für Kunst und Gewerbe, Hamburg: 30 (© VG Bild-Kunst, Bonn 1999)

Kunstmuseum Winterthur, Dauerleihgabe aus Privatbesitz: 32 © 1999 by Kunsthaus Zürich, Nachlaß Suzanne Perrottet: 37, 50

Aus: The Mary Wigman Book. Hg. und übersetzt von Walter Sorell. Middletown / Connecticut 1975: 65

Privatbesitz Wolfgang Geinitz, Heidelberg: 69 (Foto: Walthari Dietz, Düsseldorf)

Privatbesitz Alexandra Binswanger, Berlin: 76

Aus: D. Steinbeck: Mary Wigmans Choreographisches Skizzenbuch. Berlin 1987: 124

Privatbesitz Erica Kessler, Locarno: 134